# ENGENHARIA
# ECONÔMICA
# DESCOMPLICADA

SÉRIE GESTÃO FINANCEIRA

DIALÓGICA

O selo DIALÓGICA da Editora InterSaberes faz referência às publicações que privilegiam uma linguagem na qual o autor dialoga com o leitor por meio de recursos textuais e visuais, o que torna o conteúdo muito mais dinâmico. São livros que criam um ambiente de interação com o leitor – seu universo cultural, social e de elaboração de conhecimentos –, possibilitando um real processo de interlocução para que a comunicação se efetive.

EDITORA
intersaberes

Marcelo Ferreira

# Engenharia econômica descomplicada

**EDITORA intersaberes**

Rua Clara Vendramin, 58 . Mossunguê
CEP 81200-170 . Curitiba . PR . Brasil
Fone: (41) 2106-4170
www.intersaberes.com
editora@editoraintersaberes.com.br

| | |
|---|---|
| Conselho editorial | Dr. Ivo José Both (presidente) |
| | Dr.ª Elena Godoy |
| | Dr. Nelson Luís Dias |
| | Dr. Neri dos Santos |
| | Dr. Ulf Gregor Baranow |
| Editora-chefe | Lindsay Azambuja |
| Supervisora editorial | Ariadne Nunes Wenger |
| Analista editorial | Ariel Martins |
| Capa | Igor Bleggi (*design*) |
| | StockVector/Shutterstock (imagens) |
| Projeto gráfico | Raphael Bernadelli |
| Diagramação | Regiane Rosa |
| Iconografia | Regina Claudia Cruz Prestes |

Dados Internacionais de Catalogação na Publicação (CIP)
(Câmara Brasileira do Livro, SP, Brasil)

---

Ferreira, Marcelo
  Engenharia econômica descomplicada/Marcelo Ferreira. Curitiba: InterSaberes, 2017. (Série Gestão Financeira)

  **Bibliografia.**
  ISBN 978-85-5972-246-8

  1. Engenharia econômica I. Título. II. Série.

16-08485                         CDD-658.15

---

Índices para catálogo sistemático:
1. **Engenharia econômica: Administração financeira**
658.15

1ª edição, 2017.

Foi feito o depósito legal.

Informamos que é de inteira responsabilidade dos autores a emissão de conceitos.

Nenhuma parte desta publicação poderá ser reproduzida por qualquer meio ou forma sem a prévia autorização da Editora InterSaberes.

A violação dos direitos autorais é crime estabelecido na Lei n. 9.610/1998 e punido pelo art. 184 do Código Penal.

# Sumário

Apresentação • 11
Como aproveitar ao máximo este livro • 15
Introdução • 19

## 1

### Matemática financeira • 23

1.1 Capitalização simples e capitalização composta • 28

1.2 Sistemas de amortização • 33

1.3 Descontos • 38

## 2

### Equivalência de capitais • 43

2.1 Equivalência de fluxos de caixa • 48

2.2 Relações de equivalência • 51

# 3

## Principais conceitos econômicos e financeiros das empresas • 57

3.1 Conceitos econômicos • 60

3.2 Conceitos financeiros • 62

# 4

## Projetos de investimento • 69

4.1 Indicadores de rentabilidade • 73

4.2 Indicadores de risco • 80

# 5

## Métodos de avaliação e de comparação de projetos de investimento • 89

5.1 Método do valor presente líquido (VPL) • 94

5.2 Método da taxa interna de retorno (TIR) • 97

5.3 Método do valor anual uniforme equivalente (VAUE) • 98

5.4 Índice de lucratividade (IL) • 100

# 6

## Fontes de financiamento dos projetos de investimento • 107

6.1 Capitais de terceiros • 111

6.2 Capitais próprios • 112

6.3 Recursos financeiros para investimentos e capital de giro • 113

6.4 Custo médio ponderado do capital • 114

# 7
Análise de sensibilidade de projetos • 121

7.1 O que é análise de sensibilidade? • 124

7.2 Análise de sensibilidade na prática • 125

# 8
Substituição de equipamentos • 135

8.1 Sem reposição • 139

8.2 Substituição por ativos similares • 142

8.3 Substituição por ativos não similares • 145

8.4 Substituição com progresso tecnológico • 150

8.5 Substituição estratégica • 150

Para concluir... • 157
Lista de siglas • 161
Glossário • 163
Referências • 169
Anexos • 173
Sobre o autor • 185

*À minha esposa, Emiliana, e aos meus filhos, Ana Sophia e Emiliano Tito, cujo apoio, amor e carinho me motivam, dia após dia, a continuar buscando horizontes e superando desafios.*

> *"Nada estabelece limites tão rígidos à liberdade de um cidadão quanto a absoluta falta de dinheiro".*
> (John Kenneth Galbraith, 1998)

# Apresentação

Este livro foi elaborado com o propósito de propiciar a você, leitor, uma abordagem introdutória, porém estruturada, que lhe permitirá conhecer os aspectos fundamentais da **engenharia econômica**, alcançando assim a capacidade de compreender que as questões financeiras estão essencialmente relacionadas ao valor do dinheiro ao longo do tempo. Essa compreensão também permitirá que empresários e investidores possam analisar e tomar decisões financeiras com maior precisão e eficiência.

Com esse objetivo em vista, esta obra está organizada em oito capítulos. Nos Capítulos 1 e 2, apresentamos os conceitos que permeiam a disciplina de Matemática Financeira, basilares para a compreensão da engenharia econômica, especialmente no que se refere às operações de capitalização, amortização, descontos, fluxos de caixa e equivalência de capitais. Optamos por uma abordagem sintética, bastante concentrada, haja vista que a matemática financeira já é objeto exclusivo de vários outros compêndios.

Em seguida, no Capítulo 3, tratamos de conceitos relacionados às finanças corporativas, como custo de oportunidade, custo médio ponderado do capital, valor econômico agregado (EVA), inflação, *payback* e valor presente líquido (VPL), conceitos com forte impacto nas **decisões gerenciais** e que precisam ser plenamente assimilados pelos profissionais que assumirão as atribuições financeiras das empresas.

Nos Capítulos 4, 5 e 6, discorremos sobre **projetos de investimento** e seus **métodos** de avaliação e análise de oportunidades, considerando os indicadores de rentabilidade, ou seja, aqueles relacionados à adição de valor que cada projeto confere à empresa. Veremos ainda os indicadores de risco, que são indicadores de percepção das oportunidades e das ameaças que cada alternativa de investimento representa. Além disso, damos especial atenção ao tema *custo do capital* que utilizamos nos projetos de investimento, ou seja, o custo dos recursos captados pelas empresas (próprios ou de terceiros), cujas taxas são parâmetros importantíssimos de análise de viabilidade econômico-financeira.

A discussão, no Capítulo 7, aprofunda-se no tema *análise de sensibilidade*, que é uma técnica de avaliação que visa mitigar riscos e, mais que isso, preparar o empresário – ou quem quer que esteja imbuído do processo decisório – para estruturar e viabilizar a adoção de ações alternativas adequadas aos cenários que possam ocorrer, minimizando os prejuízos caso estes ocorram e aproveitando o potencial de uma eventual oportunidade de lucros acima do esperado.

Por fim, no Capítulo 8, analisamos as **substituições de equipamentos**, um tema que, por si só, já é bastante representativo para a problemática das questões de engenharia econômica (valor do dinheiro ao longo do tempo). Trata-se de uma das formas de investimento que mais requer minúcia na análise, haja vista sua frequente ocorrência, especialmente no setor secundário (de transformação) da economia, intensivo no uso de maquinários e equipamentos.

Lembramos ainda que, no final do livro, está à sua disposição um **glossário** que permitirá rápidas consultas sobre termos aqui utilizados e que, eventualmente, requeiram uma explicação mais detalhada.

Dessa forma, podemos tranquilamente considerar que dispomos de uma obra que abrange os temas determinantes para boas decisões em engenharia econômica, proporcionando o entendimento básico sobre essa área. Além disso, procuramos, por meio do conteúdo apresentado, estimular você, leitor, a dar continuidade a seus estudos, buscando outros compêndios e o aprimoramento de seu conhecimento por meio de pesquisas sobre cada tema aqui discutido.

# Como aproveitar ao máximo este livro

Este livro traz alguns recursos que visam enriquecer seu aprendizado, facilitar a compreensão dos conteúdos e tornar a leitura mais dinâmica. São ferramentas projetadas de acordo com a natureza dos temas que vamos examinar. Veja a seguir como esses recursos se encontram distribuídos no decorrer desta obra.

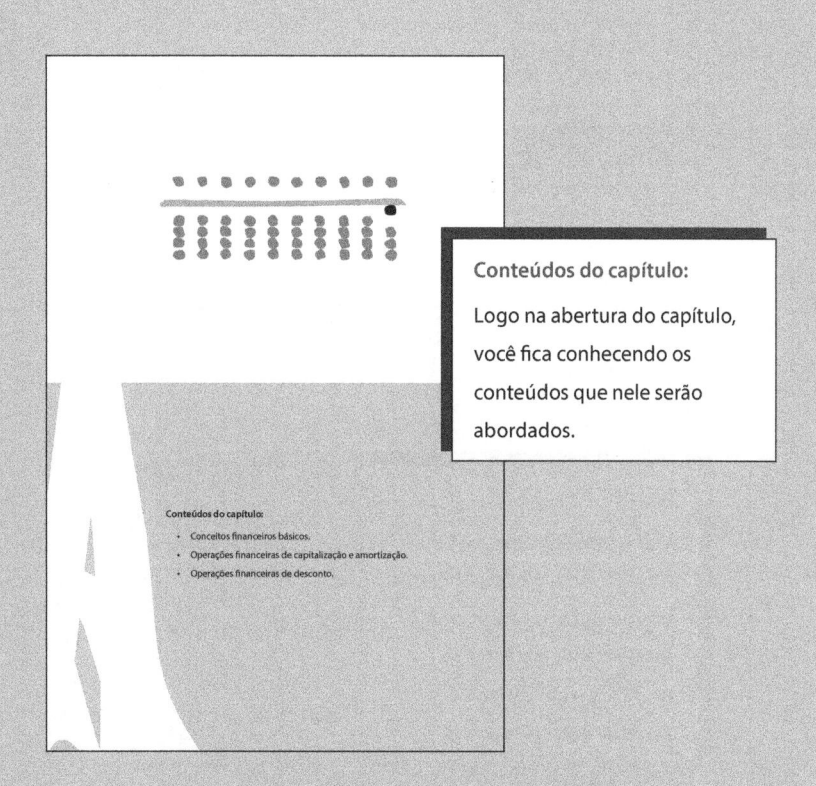

**Conteúdos do capítulo:**

Logo na abertura do capítulo, você fica conhecendo os conteúdos que nele serão abordados.

Conteúdos do capítulo:
- Conceitos financeiros básicos.
- Operações financeiras de capitalização e amortização.
- Operações financeiras de desconto.

entre outras tantas decisões importantes. Portanto, eis aqui o **problema central** da engenharia econômica: a viabilidade de investir dadas as condições financeiras do momento da análise, o que evidentemente não exclui as análises sobre as condições futuras (cenários), ao contrário, as valida ainda mais.

Um bom exemplo de como o valor do dinheiro varia com o passar do tempo é quando uma loja anuncia uma oferta de um eletrodoméstico por R$ 1.000,00 à vista ou cinco parcelas de R$ 200,00, "sem juros". Na verdade, se soubermos pechinchar, **pagaremos menos de R$ 1.000,00 à vista, pois os juros já foram embutidos nas parcelas**. Esse "desconto" é, na verdade, a subtração dos juros cobrados nas parcelas "sem juros". Se fosse de fato uma compra parcelada sem juros, a loja perderia valor pela venda do produto ao longo das cinco parcelas mensais, devido à **inflação**, sobre a qual falaremos mais adiante.

Perguntas & respostas

**O que é matemática financeira?**

É o ramo da matemática que estuda as variações do dinheiro ao longo do tempo e as operações financeiras que se estruturam por meio dessas variações, sendo de fundamental importância para o estudo da engenharia econômica.

Os **princípios básicos** da engenharia econômica, que não envolvem, ao menos em uma análise preliminar, questões de ordem técnica e específicas de cada atividade empresarial desenvolvida, são, portanto, de ordem financeira, cujo entendimento incial passa pela Matemática Financeira – uma disciplina em que todas as questões giram fundamentalmente em torno de quatro elementos, que compõem qualquer operação:

---

**Perguntas & respostas**

Nesta seção, o autor responde a dúvidas frequentes relacionadas aos conteúdos do capítulo.

---

*Exercícios resolvidos*

1. Relacione a coluna da esquerda com a coluna da direita e, em seguida, assinale a alternativa que indica a resposta correta:

   1. Valor presente
   2. Entrada de recursos
   3. Fator de correção
   4. Investimento
   5. Fluxo de caixa

   ( ) Fluxos com setas para baixo
   ( ) Representação gráfica
   ( ) Denominador entre séries de fluxos
   ( ) Combinações de taxas de juros e tempo
   ( ) Fluxos com setas para cima

   a) 5, 3, 1, 2, 4.
   b) **4, 5, 1, 3, 2.**
   c) 1, 2, 5, 4, 3.
   d) 2, 5, 3, 4, 1.
   e) 3, 2, 5, 4, 1.

2. Uma empresa adquiriu um equipamento por R$ 10.000,00 e este trará três retornos anuais de R$ 2.000,00, além de um valor residual de R$ 4.000,00 no início do quarto ano. De posse dessas informações, elabore o fluxo de caixa dessa aquisição:

---

**Exercícios resolvidos**

A obra conta também com exercícios seguidos da resolução feita pelo próprio autor, com o objetivo de demonstrar, na prática, a aplicação dos conceitos examinados.

É importante frisar também que esses cálculos podem ser feitos por meio de calculadoras financeiras e planilhas eletrônicas, as quais têm funções específicas para cálculos de TIR e VPL. Essas ferramentas ajudam sobremaneira na celeridade da confecção de um projeto de investimento, sendo, portanto, recomendadas.

## Perguntas & respostas

**O que são indicadores de risco?**

São indicadores que apresentam quais são as chances de perda de valor ou de prejuízo que os investimentos podem trazer. Servem de contraponto aos indicadores de rentabilidade, os quais, por si sós, podem ser excessivamente otimistas. Esses **indicadores são os seguintes: taxa interna de retorno (TIR)**, *payback* e **Ponto de Fisher**.

## Estudo de caso

A necessidade de melhorar as condições de distribuição de seus produtos, bem como de aumentar seu alcance de mercado, fez com que a fábrica de produtos plásticos PlastFácil considerasse seriamente a instalação de uma nova planta industrial. Após orçamento realizado pela equipe que trabalha na Diretoria Financeira, concluiu-se que o investimento inicial seria da ordem de R$ 100.000,00. A produção gerada por essa planta proporcionou à empresa, nos 10 anos seguintes, 5 retornos anuais no valor de R$ 17.000,00 e outros 5 retornos anuais de R$ 16.000,00, com uma taxa de juros de 10% a.a.

A instalação dessa nova unidade trouxe importantes ganhos para a empresa, pois aumentou a **eficiência** da distribuição, já que mais rotas logísticas puderam ser aproveitadas. Além

---

**Estudo de caso**

Esta seção traz ao seu conhecimento situações que vão aproximar os conteúdos estudados de sua prática profissional.

# Introdução

A economia é definida por alguns de seus estudiosos como "a ciência da escassez" e tem como problemática principal a alocação de recursos escassos, portanto finitos e limitados, ante as necessidades e demandas permanentemente crescentes. Assim, a principal pergunta que cabe aos economistas responder é: Qual é a melhor alocação para os recursos disponíveis?

Uma das possibilidades é por meio da **engenharia econômica**, considerada por muitos autores um sinônimo – ou até mesmo uma área – da *análise de investimentos*, a qual, por sua vez, é uma área fundamental da atividade empresarial. Afinal, é pela execução de projetos de investimento que as empresas e os empreendimentos ampliam sua capacidade operacional, sua capacidade de realização de negócios e seus resultados financeiros e mercadológicos, assegurando, dessa forma, sua continuidade. Para Sandroni (2005, p. 436), um *investimento* é "a aplicação de capital em meios que levam ao crescimento da capacidade produtiva (instalações, máquinas, meios de transporte), ou seja, em bens de capital". Essa é uma definição que reflete apropriadamente o tipo de questão e de problemática solucionados pela engenharia econômica.

Entretanto, como executar esses investimentos? Ao empresário, basta somente ter vontade ou necessidade de investir, captar e aplicar os recursos necessários? É claro que não. É preciso fazer as devidas ponderações, considerando – além dos aspectos técnicos de cada empresa, referentes à sua atividade econômica, ao seu setor e à sua estratégia – os aspectos financeiros, de custo de oportunidade, de *payback*, de taxas de retorno, de viabilidade econômica, entre outros tantos elementos. É nesse momento que entram as **análises** próprias da engenharia econômica, que nos permitem avaliar, entre as alternativas de investimentos disponíveis, qual é aquela que apresenta a forma mais eficiente de alocação de recursos que, lembremos, na esmagadora maioria dos casos, serão escassos diante das necessidades. Em outras palavras, temos aqui uma questão essencialmente econômica.

A capacidade de alocar recursos com eficiência faz-se ainda mais necessária quando pensamos que não são poucos os projetos de investimento, inclusive de implantação das empresas, que recorrem à alavancagem financeira, isto é, ao aporte de recursos de terceiros, exigíveis, os quais implicam operações de crédito com pagamento de juros. Além disso, em algum momento será indiscutivelmente necessário realizar a substituição de equipamentos, em que a estrutura de custos da empresa e, consequentemente, a de preços e lucros estarão em jogo.

A engenharia econômica é uma modalidade de análise que já existe desde o século XIX, mas apenas nos últimos 50 anos vêm conquistando seu espaço no Brasil, englobando conhecimentos de economia, matemática e estatística. Seu objetivo é dar respostas a questões como as que apresentamos anteriormente, fornecendo equações que resultem em aplicações eficientes de recursos e promovendo o retorno do que foi investido – o que é desejado por organizações, empresariais ou não, dos mais diferentes setores e segmentos.

Evidenciamos, enfim, que o conhecimento da engenharia econômica é importantíssimo em uma empresa tanto quanto os conhecimentos da administração estratégica, do *marketing*, da gestão de processos ou de recursos humanos. Afinal, sem uma boa gestão dos recursos financeiros, até mesmo a continuidade da empresa passa a ser meramente um evento de caráter aleatório.

# Matemática financeira

I

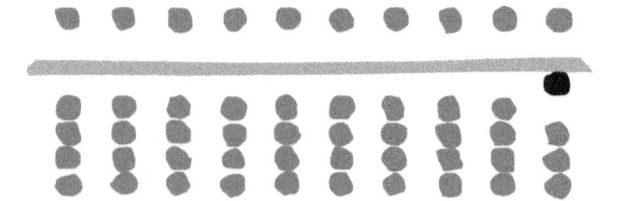

**Conteúdos do capítulo:**

- Conceitos financeiros básicos.
- Operações financeiras de capitalização e amortização.
- Operações financeiras de desconto.

Neste capítulo, apresentaremos os **conceitos financeiros básicos** que estruturam a compreensão dos temas que serão abordados nos capítulos subsequentes. Trata-se de um resumo abrangente de assuntos que costumeiramente são discutidos na disciplina de Matemática Financeira, mas que são fundamentais para a tomada de decisões relacionadas a investimentos e à engenharia econômica.

O dinheiro tornou-se, ao longo dos séculos, um elemento fundamental para a vida em sociedade, devido às suas funções básicas, de intermediação de trocas, de medida e de reserva de valor, além de ser um instrumento de poder. Entretanto, diferentemente do que pode parecer, o valor do dinheiro varia com o passar do tempo, implicando mudanças constantes de poder aquisitivo, o que influencia, no caso das empresas, o planejamento e a execução de projetos, a aquisição e/ou a substituição de equipamentos, a contratação ou a demissão de funcionários, entre outras tantas decisões importantes. Portanto, eis aqui o **problema central** da engenharia econômica: a viabilidade de investir dadas as condições financeiras do momento da análise, o que evidentemente não exclui as análises sobre as condições futuras (cenários), ao contrário, as valida ainda mais.

Um bom exemplo de como o valor do dinheiro varia com o passar do tempo é quando uma loja anuncia uma oferta de um eletrodoméstico por R$ 1.000,00 à vista ou cinco parcelas de R$ 200,00, "sem juros". Na verdade, se soubermos pechinchar, pagaremos menos de R$ 1.000,00 à vista, pois os juros já foram embutidos nas parcelas. Esse "desconto" é, na verdade, a subtração dos juros cobrados nas parcelas "sem juros". Se fosse de fato uma compra parcelada sem juros, a loja perderia valor pela venda do produto ao longo das cinco parcelas mensais, devido à **inflação**, sobre a qual falaremos mais adiante.

## Perguntas & respostas

### O que é matemática financeira?

É o ramo da matemática que estuda as variações do dinheiro ao longo do tempo e as operações financeiras que se estruturam por meio dessas variações, sendo de fundamental importância para o estudo da engenharia econômica.

---

Os **princípios básicos** da engenharia econômica, que não envolvem, ao menos em uma análise preliminar, questões de ordem técnica e específicas de cada atividade empresarial desenvolvida, são, portanto, de ordem financeira, cujo entendimento incial passa pela Matemática Financeira – uma disciplina em que todas as questões giram fundamentalmente em torno de quatro elementos, que compõem qualquer operação:

1. **Valor presente:** Conforme Sandroni (2005, p. 875), é "o valor de um fluxo futuro de recurso ou custos, em termos de seu valor atual". Mais à frente, abordaremos a fórmula que permite fazer essa conversão e compreender o valor atual dos fluxos de recursos.

2. **Valor futuro ou montante:** É o valor pactuado para os fluxos de capital, em determinada data, resultante da aplicação de certa taxa de juros, durante determinado período de tempo. Esse valor também é conhecido como *valor de face*, porque é o valor que aparece nos contratos ou títulos de dívida.

3. **Taxa de juros:** É a taxa que remunera um capital emprestado ou financiado por seu proprietário a alguém que não tinha recursos e tomou emprestado durante um determinado espaço de tempo. Sendo assim, essa taxa atualiza o valor do dinheiro no decorrer do tempo, aumentando o patrimônio de quem o emprestou. Essa remuneração premia quem abriu mão de utilizar imediatamente os recursos emprestados ou financiados para que possa fazê-lo no futuro, com um montante maior.

> A representação da taxa de juros, no momento dos cálculos, precisa ser feita na forma centesimal. Uma taxa de juros de 7,35%, por exemplo, tem de ser lançada nos cálculos como 0,0735 (7,35/100).

4. **Tempo:** É o número de períodos em que a operação financeira vai perdurar. Se as atualizações dos valores envolvidos e seus pagamentos forem de periodicidade mensal, o tempo será medido em meses. Se a atualização for trimestral, o tempo será medido em trimestres, e assim sucessivamente.

As estruturações possíveis com esses quatro elementos vão resultar nos **modos de capitalização simples e composto**, como veremos a seguir, além dos **regimes de amortização**, que são as formas de efetuar os pagamentos por um montante de capital financiado ou emprestado, considerando-se, evidentemente, a taxa de juros pactuada ou contratada, de forma a permitir que o proprietário do montante emprestado possa acumular mais capital e aumentar seu patrimônio.

*É importante ressaltar que o fluxo de capitais é um dos motores da economia.*

Antes de partirmos para os cálculos e as explicações sobre as operações financeiras, é importante ressaltar que esse **fluxo de capitais** é um dos **motores da economia**. Sem o **crédito**, que é o processo de financiar/emprestar capitais, muitos projetos empresariais se tornariam simplesmente inviáveis, pois seria impossível implantá-los e, consequentemente, muitas necessidades importantes da sociedade jamais seriam satisfeitas.

## Perguntas & respostas

**Quais são os elementos básicos da matemática financeira?**

São o *capital* ou *valor presente*, que é o valor antes da operação financeira; o *montante* ou *valor futuro*, ou seja, o valor obtido após a operação financeira; a *taxa de juros*, que vai capitalizar (aumentar o valor) ou descontar (diminuir o valor); a *operação financeira* e o *tempo de duração* da operação.

## 1.1 Capitalização simples e capitalização composta

O processo de **capitalização** é aquele no qual um determinado montante de dinheiro é aumentado durante um espaço de tempo, em virtude da aplicação de uma taxa de juros. Em outras palavras, é uma combinação dos quatro elementos ou variáveis fundamentais para qualquer operação financeira, conforme vimos há pouco. Puccini (2011, p. 9) define *capitalização* como "relações fundamentais entre suas variáveis, questões relativas às taxas de juros, operações de descontos e equivalência de capitais".

Há duas modalidades conhecidas de capitalização: **capitalização simples** e **capitalização composta**. Vamos conhecê-las, compreender suas diferenças e entender suas aplicações.

1. **Capitalização simples**: Nesta modalidade, um capital inicial (C) é aumentado mediante uma taxa de juros (i), durante um espaço de tempo (n), resultando em um montante de recursos final (M). Observemos que a taxa de juros é "i"; porém o valor dos juros, informado em unidades monetárias, está representado como "J". A fórmula que resume esse pensamento é a seguinte:

$$M = C \cdot (1 + i \cdot n)$$
$$M = C + J$$

Sendo que:

$$J = C \cdot i \cdot n$$

Essa fórmula nada mais é que uma multiplicação simples; assim, para que possamos obter respostas, precisamos sempre dispor de três dos quatro elementos envolvidos.

Os juros, nessa modalidade, sempre se reproduzem em função do capital inicial, não havendo, portanto, o que se convencionou denominar *juros sobre juros*. Além disso, trata-se de uma modalidade que cada vez mais está em desuso, já que dispomos atualmente de calculadoras e planilhas eletrônicas que permitem realizar cálculos complexos em frações de segundos.

2. **Capitalização composta**: Nesta modalidade, temos também um capital inicial (C), ampliado mediante uma taxa de juros (i), durante um espaço de tempo (n), resultando

em um montante de recursos final (M). Novamente, ressaltamos que a taxa de juros é "i", porém o valor dos juros em unidades monetárias está representado como "J". Aqui a fórmula de cálculo dessa capitalização varia e passa a ser a seguinte:

$$M = C \cdot (1 + i)^n$$
$$M = C + J$$

Sendo que:

$$J = C \cdot ((1 + i)^n - 1)$$

Essa modalidade de capitalização maximiza o ganho de juros, haja vista que sua fórmula não consiste em uma simples multiplicação, como na capitalização simples, mas sim numa operação de potenciação, o que implica a reprodução dos juros sobre o capital inicial e sobre si próprios – ou seja, há aí a ocorrência de "juros sobre juros". Entretanto, a despeito da diferença das fórmulas, ainda é necessário que três dos quatro componentes da equação sejam conhecidos, pois, do contrário, não haverá como obter respostas.

Essa "mágica" da capitalização composta já foi definida como a força mais poderosa do Universo, o que significa que estamos mesmo abordando uma questão de grande importância e de impacto na vida das pessoas.

Constatamos, enfim, que há uma diferença fundamental de fórmulas entre a aplicação da capitalização simples e a capitalização composta: esta implica a ocorrência de "juros sobre juros", enquanto aquela multiplica o capital inicial de forma a obter juros somente em função dele. É importante ressaltar novamente que a taxa de juros, representada pela letra "i", é utilizada em sua forma centesimal, isto é, uma taxa de juros de 5% precisa ser aplicada nas fórmulas como sendo 0,05, o que equivale a 5 dividido por 100.

Vamos, agora, a um exemplo que vai ilustrar exatamente a diferença entre as modalidades de capitalização.

## Exemplo 1

Imaginemos que serão aplicados R$ 100,00 (cem reais), a uma taxa de juros de 10% ao mês[1], durante 4 meses, em cada um dos regimes de capitalização.

No caso do 3º mês, por exemplo, temos os seguintes cálculos:

Juros simples: $M = 100{,}00 \cdot (1 + 0{,}1 \cdot 3) = 130{,}00$

Juros compostos: $M = 100{,}00 \cdot (1 + 0{,}1)^3 = 133{,}10$

Aplicando as fórmulas que vimos há pouco para cada um dos meses, obtemos os seguintes resultados:

Tabela 1.1 – Comparativo de capitalizações

| Tempo | Capitalização simples (R$) | Capitalização composta (R$) |
|---|---|---|
| 1 mês | 110,00 | 110,00 |
| 2 meses | 120,00 | 121,00 |
| 3 meses | 130,00 | 133,10 |
| 4 meses | 140,00 | 146,41 |

Agora, vejamos essas mesmas evoluções sob a forma de gráfico:

Gráfico 1.1 – Comparativo de capitalizações

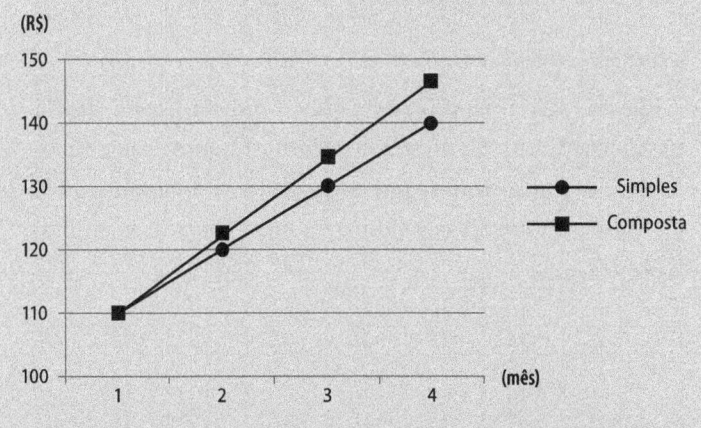

[1] Nesta obra, os termos *ao mês* e *ao ano* também poderão constar com suas respectivas abreviaturas: a.m. e a.a.

Observando o gráfico, após verificarmos a tabela que compara os resultados obtidos para valores iguais em regimes diferentes de capitalização, verificamos que a capitalização composta, com seu recurso adicional de "juros sobre juros", resulta numa evolução gráfica do tipo exponencial, com resultado final maior do que a capitalização simples e seu gráfico linear, o que, obviamente, torna a capitalização composta um padrão de mercado.

Isso quer dizer que a capitalização composta sempre vai produzir resultados maiores do que a capitalização simples? Não. O que acontece é que, habitualmente, o funcionamento é realmente este, mas há uma situação – ou seja, uma **exceção** – na qual o regime de capitalização simples é o que vai resultar em valores mais elevados. Essa situação se dá quando o período de capitalização é inferior a 1 unidade de tempo, isto é, se a unidade de tempo for mensal e a operação financeira durar menos de um mês, a capitalização simples resultará em juros maiores.

Como vimos na tabela comparativa, quando falamos de exatamente 1 unidade de tempo, os regimes apresentarão resultados exatamente iguais, e só acima de 1 unidade de tempo é que a regra geral se confirmará.

---

## Perguntas & respostas

### O que é capitalização?

É a operação financeira pela qual um determinado capital ou valor, submetido a uma taxa de juros durante certo período de tempo, transforma-se em outro valor ou montante. Pode ser *simples* ou *composta*, sendo a primeira linear e a segunda, exponencial.

---

### 1.1.1 Taxa de juros nominal e real

Uma abordagem que precisa ser levada em conta é a da **taxa de juros nominal** e a da **taxa de juros real**. É muito simples entender a diferença entre as duas.

A taxa de juros **nominal** é aquela que consta nos contratos ou nos títulos de investimento. Já a taxa de juros **real** é a mesma taxa nominal, mas descontada a inflação, da forma descrita a seguir:

$$\text{i real} = \left(\frac{1 + \text{i nominal}}{1 + \text{inflação}}\right) - 1 \cdot 100$$

Como exemplo, suponha um investimento com rentabilidade nominal pré-fixada de 10% ao ano e que, após um ano, registrou inflação de 6%. Qual será a taxa real de juros?

$$\text{i real} = \left(\frac{1 + 0{,}1}{1 + 0{,}06}\right) - 1 \cdot 100 = 3{,}77\% \text{ a.m.}$$

Assim, temos como resposta uma taxa de juros real, ou acima da inflação, de 3,77% a.a., diferentemente do que se poderia pensar, ou seja, que bastaria fazer uma conta de subtração para achar a taxa de juros real.

## 1.2 Sistemas de amortização

**Amortizar** uma dívida é o ato de honrar com os compromissos financeiros assumidos, de realizar os reembolsos de um valor concedido por empréstimo ou financiamento (principal), dentro de certo espaço de tempo, a uma determinada taxa de juros. Souza e Clemente (2006, p. 61) explicam que,

> no estudo dos sistemas de amortização, busca-se identificar, em qualquer tempo, o estado da dívida, isto é, a decomposição do valor de uma prestação em juros (remuneração do capital); amortização (parcela destinada ao pagamento da dívida) e saldo devedor imediatamente após o pagamento da prestação.

Para tanto, existem basicamente duas modalidades: o **sistema francês de amortização** e o **sistema de amortização constante**.

### 1.2.1 Sistema francês de amortização (Price)

Nessa modalidade de amortização, também conhecida como *Tabela Price*, as parcelas são sempre de valor igual. Isso necessariamente significa que, a cada parcela paga, o valor dos juros decresce e o valor do principal amortizado aumenta. Essa modalidade costuma ser aplicada nos financiamentos e empréstimos de bens de consumo ou de bens de capital.

Para fins de compreensão, analisemos o exemplo a seguir.

## Exemplo 2

Consideremos que uma empresa tenha adquirido seu maquinário no valor de R$ 50.000,00 (cinquenta mil reais) para pagar em 5 parcelas mensais, pelo sistema Price, com taxa de 3% ao mês.

O primeiro passo, já que as parcelas serão iguais, é calcular o valor a ser pago mensalmente, mediante a multiplicação do valor presente (R$ 50.000,00 neste exemplo), que foi financiado ou emprestado, pelo coeficiente (0,218355 no nosso exemplo), o qual é obtido pela fórmula apresentada a seguir:

$$K = \frac{i \cdot (1+i)^n}{(1+i)^n - 1}$$

$$K = \frac{0,03 \cdot (1+0,03)^5}{(1+0,03)^5 - 1}$$

$$K = \frac{0,034778}{0,159274}$$

$$K = 0,218355$$

Caso disponha de uma calculadora financeira, você poderá fazer o seguinte procedimento, informando R$ 50.000,00 como valor presente (PV), a uma taxa de juros de 3% mensais (i) e prazo de 5 meses (n). O resultado a ser obtido, ou seja, o **valor das parcelas**, é representado por "PMT":

50000 PV

3 i

5 n

PMT

**Resposta:** – R$ 10.917,73 (dez mil novecentos e dezessete reais e setenta e três centavos). Esse é o valor das parcelas, ou seja, a somatória de principal e juros.

A distribuição dos valores que compõem as parcelas, no caso retratado em nosso exemplo, fica conforme a Tabela 1.2, a seguir.

Tabela 1.2 – Sistema Price

| Tempo | Juros (R$) | Amortização (R$) | Parcela (R$) | Saldo devedor (R$) |
|---|---|---|---|---|
| 0 | – | – | – | 50.000,00 |
| 1 | 1.500,00 | 9.417,73 | 10.917,73 | 40.582,27 |
| 2 | 1.217,47 | 9.700,26 | 10.917,73 | 30.882,01 |
| 3 | 926,46 | 9.991,27 | 10.917,73 | 20.890,74 |
| 4 | 626,72 | 10.291,01 | 10.917,73 | 10.599,73 |
| 5 | 318,00 | 10.599,73 | 10.917,73 | 0,00 |
| Totais | 4.588,65 | 50.000,00 | 54.588,65 | |

## 1.2.2 Sistema de amortização constante (SAC)

O sistema SAC de amortização de dívidas consiste em uma sequência de prestações cujo valor diminui a cada pagamento realizado, pois o valor do principal pago é sempre igual, ao passo que os juros diminuem conforme o saldo devedor vai diminuindo.

A tabela a seguir mostra o mesmo exemplo anterior, construído com os mesmos parâmetros, mas sob o sistema SAC. No sistema Price, calcularíamos primeiramente o valor da parcela; aqui, calculamos primeiro o valor da amortização (principal) a ser pago mensalmente, ou seja, R$ 50.000,00 em 5 meses, perfazendo R$ 10.000,00 mensais.

Tabela 1.3 – Sistema SAC

| Tempo | Juros (R$) | Amortização (R$) | Parcela (R$) | Saldo devedor (R$) |
|---|---|---|---|---|
| 0 | – | – | – | 50.000,00 |
| 1 | 1.500,00 | 10.000,00 | 11.500,00 | 40.000,00 |
| 2 | 1.200,00 | 10.000,00 | 11.200,00 | 30.000,00 |
| 3 | 900,00 | 10.000,00 | 10.900,00 | 20.000,00 |
| 4 | 600,00 | 10.000,00 | 10.600,00 | 10.000,00 |
| 5 | 300,00 | 10.000,00 | 10.300,00 | 0,00 |
| Totais | 4.500,00 | 50.000,00 | 54.500,00 | |

O SAC é a forma de amortização utilizada em financiamentos de operações de crédito contratadas no âmbito do Sistema Financeiro de Habitação.

Há ainda **outros sistemas de amortização** de dívidas, embora tenhamos abordado aqui apenas os dois mais comuns. Existem modalidades diferenciadas, a exemplo do Sistema Americano, no qual o valor do principal é amortizado de uma só vez na última parcela, enquanto nas demais há apenas o pagamento de juros; ou ainda o Sistema de Amortização Misto, que é a média aritmética do sistema Price e do SAC.

Com essas explicações e após conhecermos as duas principais modalidades, resta-nos comparar as duas formas e indicar as diferenças entre elas. Conforme o gráfico a seguir, o SAC, no final das contas, implica um menor valor total das parcelas, apesar de ter parcelas inicialmente mais custosas, as quais, a partir de certo momento, tornam-se menos onerosas ao devedor.

Gráfico 1.2 – Comparativo de amortizações

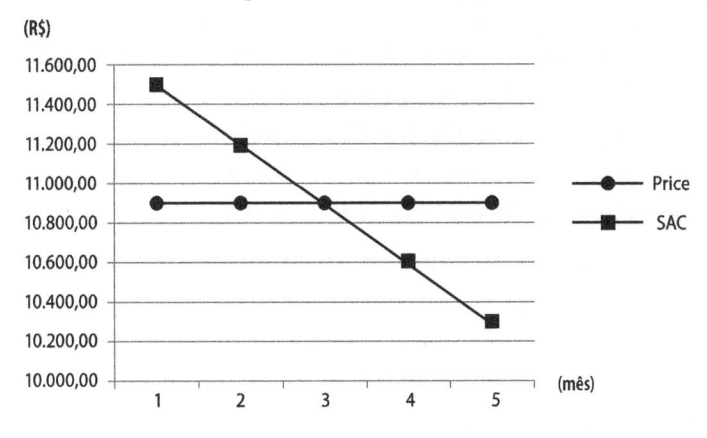

(R$)

| (mês) | Price |
|---|---|
| | SAC |

Guimarães (2005, p. 94) faz uma observação bastante pertinente e que orienta quem vai decidir sobre os investimentos: "projetos que não apresentem superávits operacionais significativos nos primeiros períodos de funcionamento, devem optar pelo Sistema Francês de Amortização". O motivo é que, nessa modalidade, as primeiras parcelas têm menores valores em comparação ao sistema SAC, favorecendo então os projetos que vão requerer tempo de maturação maior.

## Perguntas & respostas

### O que são sistemas de amortização?

São modalidades utilizadas para que um financiamento ou empréstimo seja reembolsado pelos devedores aos credores. As duas principais são o sistema Price e o Sistema de Amortização Constante (SAC). No primeiro, as parcelas são iguais; no segundo, são decrescentes.

## 1.3 Descontos

Uma operação de **desconto**, basicamente, é uma operação inversa à capitalização, visto que há antecipação de recursos futuros. Puccini (2011, p. 45) informa que um *desconto* é "a diferença entre o valor nominal do título e o valor pago por ele numa certa data (anterior à data do vencimento)".

Um bom exemplo é quando uma empresa vende um equipamento a prazo, recebe do seu cliente um título (duplicata ou cheque) e entrega esse pagamento ao banco, para que este antecipe recursos. O banco, por sua vez, na data pactuada, receberá o valor de face do cheque ou da duplicata. A esse procedimento chamamos *desconto bancário*, do qual falaremos mais adiante.

Evidentemente, o valor que a empresa vendedora do equipamento do nosso exemplo obterá nessa operação financeira será menor do que o valor de face do título entregue ao banco, já que o valor a ser pago foi antecipado, e isso implica remuneração à instituição financeira.

Outro exemplo é quando um devedor de um financiamento ou empréstimo consegue liquidar suas obrigações antes do prazo estabelecido. Considerando-se que os juros são o pagamento pelo uso de recursos de terceiros, a antecipação dos pagamentos significa, portanto, que o valor dos juros devidos por esse devedor será menor.

Como vimos anteriormente, um desconto é representado pela diferença entre o valor de face ou futuro dos títulos ou das dívidas (FV) e o valor presente (PV), ou seja, a diferença entre o valor previsto das dívidas e o valor efetivamente pago, por conta da liquidação antecipada de dívidas ou pelo empréstimo de recursos que ainda serão recebidos.

Isso nos traz uma primeira fórmula:

$$D = FV - PV$$

Dando continuidade ao nosso raciocínio, existem duas modalidades de desconto:

1. **Desconto racional:** É comumente chamado de *desconto "por dentro"* e calculado pela diferença simples entre o valor de face e o valor presente, em um dado momento, quando ocorre a antecipação do pagamento:

$$Dr = FV - PV$$

Sendo que:

$$PV = \frac{FV}{(1 + i \cdot n)}$$

Logo:

$$Dr = \frac{(FV \cdot i \cdot n)}{(1 + i \cdot n)}$$

2. **Desconto comercial:** Esta modalidade calcula os descontos de forma mais simplificada, razão por que foi adotada pelo comércio e pelo setor financeiro em geral (por esse motivo, é também conhecida como *desconto bancário*). Entretanto, o valor presente é menor em relação ao desconto racional, o que está matematicamente equivocado. A fórmula para cálculo do desconto comercial é a seguinte:

$$Dc = FV \cdot i \cdot n$$

A operação bancária de desconto envolve uma taxa pré-fixada (deságio) a ser cobrada sobre o valor nominal, haja vista ser uma operação de antecipação de recursos, oriundos de cheques pré-datados ou duplicatas, que a instituição bancária vai quitando à medida que chegam as datas aprazadas em cada cheque ou duplicata.

## Perguntas & respostas

**O que são operações de desconto?**

São operações de crédito baseadas em antecipação de recursos, ou seja, no deságio de títulos, duplicatas e cheques pré-datados, em que seu possuidor receberá valores inferiores aos valores de face desses títulos. A diferença de valores é a remuneração das instituições que viabilizam os descontos.

Dessa forma, pudemos conhecer mais a respeito das operações de desconto, as quais nada mais são que operações de crédito para antecipações, sejam elas de liquidação de dívidas, sejam de recursos que ainda serão recebidos.

## Exercícios resolvidos

1. Assinale V para verdadeiro e F para falso nas informações a seguir. Depois, marque a alternativa que apresenta a sequência correta:
   - ( ) As resoluções de problemas de matemática financeira dependem exclusivamente do tempo e da taxa de juros.
   - ( ) Uma operação de desconto é uma antecipação de recursos futuros.
   - ( ) Os sistemas de amortização são aqueles pelos quais os devedores honram seus compromissos com os credores.
   - ( ) A capitalização simples resulta em um gráfico exponencial.
   - ( ) Uma operação de matemática financeira precisa que 3 elementos sejam conhecidos para que o 4º seja descoberto.

a) F, F, F, V, F.
b) V, V, V, V, V.
c) V, F, F, V, V.
d) **F, V, V, F, V.**
e) V, V, F, F, V.

2. Um investidor aplicou R$ 100.000,00 em um fundo de investimentos com taxa de juros compostos de 3% a.m., durante 12 meses. Desconsiderando os impostos, qual seria o valor final após o período da aplicação?

$$FV = PV \cdot (1 + i)^n \rightarrow$$
$$FV = 100.000 \cdot (1 + 0,03)^{12} \rightarrow$$
$$FV = 100.000 \cdot 1,425761 \rightarrow$$
$$\mathbf{FV = R\$\ 142.576,09}$$

3. Uma empresa recebeu um cheque pré-datado no valor de R$ 50.000,00, com prazo de 90 dias (3 meses), mas precisa desse valor imediatamente e procura um banco para descontá-lo. A taxa de desconto cobrada é de 2,5% a.m. Qual será o valor recebido pela empresa?

$$PV = \frac{FV}{(1 + i \cdot n)}$$
$$PV = \frac{50.000}{(1 + 0,025 \cdot 3)}$$
$$\mathbf{PV = R\$\ 46.511,63}$$

4. Relacione a coluna da esquerda com a coluna da direita e, em seguida, assinale a alternativa correta:

1. Capitalização simples    ( ) Valor final de uma capitalização
2. Desconto comercial       ( ) Juros sem desconto da inflação
3. Capital                  ( ) Amortização com parcelas iguais
4. Sistema Price            ( ) Valor inicial de uma capitalização
5. Taxa de juros real       ( ) Amortização com parcelas decrescentes
6. Capitalização composta   ( ) Desconto bancário
7. Taxa de juros nominal    ( ) Capitalização sem juros sobre juros
8. SAC                      ( ) Juros com desconto da inflação
9. Montante                 ( ) Capitalização com juros sobre juros

a) 4, 8, 7, 2, 1, 6, 3, 5, 9.
b) 2, 9, 7, 3, 6, 5, 1, 4, 8.
c) **9, 7, 4, 3, 8, 2, 1, 5, 6.**
d) 3, 4, 7, 9, 1, 5, 2, 8, 6.
e) 1, 8, 9, 2, 6, 5, 4, 3, 7.
f) 6, 2, 8, 7, 1, 9, 3, 4, 5.

5. Um empresário está avaliando a aquisição de um equipamento e constata que este pode trazer uma rentabilidade de 11% no próximo ano. Entretanto, a inflação prevista para o mesmo ano é de 8,5%. Há também a possibilidade de investir esses recursos em um fundo de investimento com rendimento de inflação mais 1,5% ao ano. Qual aplicação o empresário deve dar aos recursos?

Juros reais para a aquisição do maquinário:

$$i\ real = \frac{(1 + 0,11)}{(1 + 0,085)} - 1 \cdot 100 = 2,30\%$$

Juros reais para a aplicação financeira:

$$i\ real = \frac{(1 + 0,1)}{(1 + 0,085)} - 1 \cdot 100 = 1,38\%$$

**Observação: juros nominais de 10% devido à soma de 8,5% da inflação prevista mais 1,5%.**

# Equivalência de capitais 2

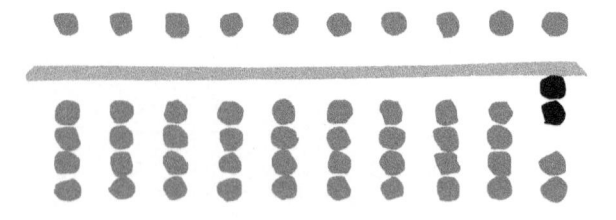

**Conteúdos do capítulo:**

- Representação gráfica dos fluxos de caixa.
- Relações de equivalência de capitais.
- Fatores de correção.

$\mathcal{E}$ste capítulo marca o momento em que você deverá ter começado a realizar **comparações em termos financeiros** e se tornado **capaz de escolher** adequadamente dentre as alternativas de **fluxos de caixa** disponíveis, buscando os melhores resultados financeiros, mesmo dispondo de opções diversas entre si.

Como vimos no capítulo anterior, as questões financeiras envolvem sempre relações entre dinheiro e tempo. Um determinado montante de recursos investido – ou seja, capitalizado a uma determinada taxa de juros durante um período de tempo – pode ou não ser igual a outro montante de capital construído sob outros parâmetros. Para tanto, é preciso encontrar, entre esses dois ou mais montantes, decorrentes de diferentes fluxos, um denominador comum, que é o **tempo presente**, ou seja, precisamos transformar esses valores **futuros** em valores **presentes**, para que não restem dúvidas no momento de comparar fluxos diferentes.

> *As questões financeiras envolvem sempre relações entre dinheiro e tempo.*

A forma de representar graficamente um fluxo de caixa, com suas entradas e saídas de recursos financeiros, como o que citamos anteriormente, é tal qual aparece na figura a seguir.

Figura 2.1 – Fluxo de caixa (representação gráfica)

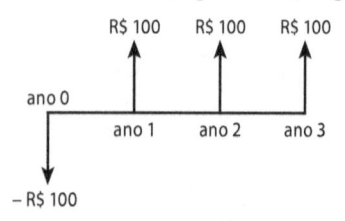

```
              R$ 100    R$ 100    R$ 100
                ↑         ↑         ↑
    ano 0
       |_____ano 1_____ano 2_____ano 3
       ↓
     – R$ 100
```

A seta vertical apontada para baixo representa uma **saída** de recursos (no nosso exemplo, de R$ 100,00) ou um **investimento**. As três setas verticais apontadas para cima são **entradas** de recursos e **remuneram** o investimento feito no "ano 0", que é representado pela seta vertical para baixo. Já a reta horizontal representa a **linha do tempo** na qual esse fluxo de caixa é estruturado.

Nesse exemplo, a leitura que deve ser feita é de que houve um investimento de R$ 100,00, o qual resultou em retornos, também de R$ 100,00 anuais, durante 3 anos. É com base nessa leitura que obtemos indicadores importantes para as **análises de viabilidade econômico-financeira**, como a taxa interna de retorno (TIR) e o valor presente líquido (VPL).

Puccini (2011, p. 59) afirma que "é possível comparar fluxos de caixa alternativos para decidir qual deles é o melhor em termos do seu 'custo' (menor valor presente)". O entendimento desse tipo de problema matemático permite que sejam tomadas ações preventivas, estruturando a realização de investimentos de forma planejada e criteriosa e, assim, obter os melhores resultados.

## Perguntas & respostas

**O que é fluxo de caixa?**

Cada fluxo de caixa é uma representação gráfica em forma de setas que indicam as entradas e as saídas de recursos. Setas para cima são entradas de recursos, ou seja, faturamento ou vendas das empresas. Já as setas para baixo são as saídas de recursos, formadas por despesas e investimentos.

A primeira fórmula que precisamos aplicar é a que traz o valor futuro para o valor presente no "tempo 0" de cada fluxo. Então:

$$FV = PV(1 + i)^n$$

Sendo assim:

$$PV = \frac{FV}{(1 + i)^n}$$

Por exemplo, um cliente de um banco recebeu a oferta de um investimento que tem rentabilidade de 1% a.m. Ele deseja aplicar um valor que, após 6 meses de permanência, resulte em um montante de R$ 10.000,00. Quanto ele precisa aplicar agora?

$$FV = 10.000,00$$
$$i = 1\%, \text{ que precisa ser escrito como } 0,01$$
$$n = 6$$

Lançando os valores na fórmula, temos:

$$PV = \frac{10.000}{(1 + 0,01)^6}$$

A resposta é: **R$ 9.420,45**, o que equivale aos mesmos R$ 10.000,00 futuros, descontados à taxa de 1% mensal por 6 meses, que podem ser graficamente representados desta maneira:

```
                            R$ 10.000,00
                                ↑
         mês 0                  |
         ┌──────────────────────┘
         |                   mês 6
         ↓
      R$ 9.420,045
```

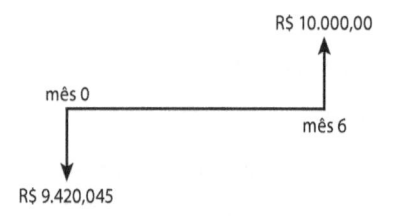

## 2.1 Equivalência de fluxos de caixa

Para que possamos alcançar o denominador comum (valor presente) ao qual nos referíamos antes, será preciso realizar cálculos inversos aos de capitalização, na forma apresentada na seção anterior, com a diferença de que, em vez de trazer o valor de somente um fluxo de caixa para o tempo zero (valor presente), ajustaremos vários fluxos de caixa simultaneamente.

A seguir, vamos analisar um exemplo prático para melhor compreensão do que foi apresentado até agora.

## Exemplo 1

Uma empresa de mineração deseja adquirir novos equipamentos e aprimorar seus processos produtivos, de modo a obter resultados financeiros mais favoráveis e de forma mais rápida. Para tanto, dois fornecedores foram contatados e apresentaram propostas para a compra desses equipamentos. Para efeito de simplificação da análise, foi descartado o valor residual e a taxa anual é de 3%.

- **Proposta 1**: Pagamento de uma entrada no valor de R$ 50.000,00 e de mais três parcelas anuais de R$ 50.000,00.
- **Proposta 2**: Pagamento de uma entrada no valor de R$ 60.000,00 e de mais quatro parcelas anuais de R$ 30.000,00.

**Resolução:**

A primeira coisa a ser feita para analisarmos a questão é representar graficamente os dois fluxos de caixa:

**Proposta 1**

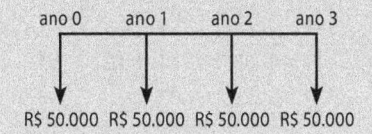

```
     ano 0     ano 1     ano 2     ano 3
       ↓         ↓         ↓         ↓
    R$ 50.000 R$ 50.000 R$ 50.000 R$ 50.000
```

**Proposta 2**

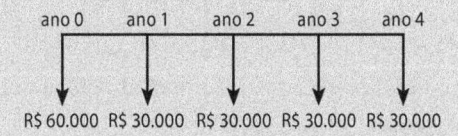

```
     ano 0     ano 1     ano 2     ano 3     ano 4
       ↓         ↓         ↓         ↓         ↓
    R$ 60.000 R$ 30.000 R$ 30.000 R$ 30.000 R$ 30.000
```

Podemos observar que, nesses fluxos de caixa, que representam as propostas dos fornecedores consultados, só há setas para baixo, já que estamos falando apenas de **pagamentos**, ou seja, de **saídas de recursos**. Portanto, agora que já temos os fluxos, é preciso calcular o valor presente de cada proposta, trazendo cada pagamento futuro para o "ano 0", ou valor presente.

Sendo assim, precisamos somar os valores presentes de cada parcela, conforme a fórmula a seguir:

$$PV = \frac{FV}{(1+i)^n}$$

Logo, a somatória dos valores presentes se dá pela fórmula a seguir:

$$\sum PV = PV_1 + PV_2 + ... + PV_n$$

Temos, assim, a fórmula de valor presente para cada fluxo ou parcela e a fórmula para a somatória dos fluxos e parcelas, de forma que, fazendo a substituição, chegamos a:

$$\sum PV = \frac{FV}{(1+i)^1} + \frac{FV}{(1+i)^2} + ... + \frac{FV}{(1+i)^n}$$

Aplicando essa fórmula aos fluxos e aos valores das propostas dos fornecedores para a empresa de mineração do nosso exemplo, alcançaremos os seguintes resultados:

**Proposta 1**

$$\sum PV = \frac{50.000}{(1 + 0,03)^0} + \frac{50.000}{(1 + 0,03)^1} + \frac{50.000}{(1 + 0,03)^2} + \frac{50.000}{(1 + 0,03)^3} =$$

$$\sum PV = \frac{50.000}{1} + \frac{50.000}{1,03} + \frac{50.000}{1,0609} + \frac{50.000}{1,092727} =$$

$\sum PV = 50.000,00 + 48.543,69 + 47.129,80 + 45.757,08 =$ **191.430,57**

Lembramos que há R$ 50.000,00 de entrada, sendo, portanto, o primeiro fluxo da série, com valor de tempo 0, já que foi pago no tempo presente.

**Proposta 2**

$$\sum PV = \frac{60.000}{(1 + 0,03)^0} + \frac{30.000}{(1 + 0,03)^1} + \frac{30.000}{(1 + 0,03)^2} + \frac{30.000}{(1 + 0,03)^3} + \frac{30.000}{(1 + 0,03)^4} =$$

$$\sum PV = \frac{60.000}{1} + \frac{30.000}{1,03} + \frac{30.000}{1,0609} + \frac{30.000}{1,092727} + \frac{30.000}{1,125509} =$$

$\sum PV = 60.000,00 + 29.126,21 + 28.277,88 + 27.454,25 + 26.654,61 =$ **171.512,95**

Assim como na primeira proposta, esta também teve um valor de entrada, que aqui foi de R$ 60.000,00.

Como pudemos ver na resolução do exemplo, a proposta de número 2 é aquela que vai trazer melhores resultados financeiros, pois seu valor presente é menor, ou seja: em termos reais, representará menores custos, apesar de ter um valor de entrada maior e mais parcelas subsequentes.

## Perguntas & respostas

### O que é equivalência de capitais?

É a relação que há entre dois ou mais fluxos de capitais diferentes, que se igualam por meio de um denominador comum, o valor presente, mesmo sendo formatados com parâmetros (taxa de juros, períodos de tempo e valores finais) diferentes. Essa relação de equivalência permite que sejam feitas comparações entre diferentes opções.

## 2.2 Relações de equivalência

Vamos abordar neste tópico as chamadas *relações de equivalência*, que são as fórmulas utilizadas com o fim de obtermos os valores para as variáveis incógnitas, com base nos valores disponíveis. No Anexo 2 deste livro, é possível consultar as tabelas financeiras, cujos **resultados** são, nada mais, nada menos, que os **fatores do tipo $(1 + i)^n$ e derivados**, os quais apresentamos a seguir, e são mais difíceis para calcular manualmente, mas estão sempre presentes nas diversas fórmulas das séries de fluxos de caixa.

Vale ressaltar que, com o advento das planilhas eletrônicas e das calculadoras financeiras, a realização desses cálculos manualmente tem uma função meramente esclarecedora e comprobatória dos pressupostos teóricos, sendo, porém, desnecessária na prática. Entretanto, seguimos aqui a explicação de Casarotto Filho e Kopittke (2000), que é bastante didática e bem esquematizada.

As primeiras **equivalências** que precisamos conhecer são entre o **valor presente** e os **valores futuros** de cada fluxo, que funcionam da seguinte maneira: um valor presente, capitalizado a uma determinada taxa de juros, durante determinado espaço de tempo, vai resultar em um valor futuro. Conforme a fórmula que vimos no capítulo anterior, será:

$$M = C \cdot (1 + i)^n$$

Que, agora, passa a ser:

$$FV = PV \cdot (1 + i)^n$$

A notação para essa primeira relação – ou seja, um valor presente multiplicado pelo fator de correção – resulta em um valor futuro:

$$F = P \, (F/P; i; n)$$

Assim, temos **(F/P; i; n)**, que é o mesmo que $(1 + i)^n$. Se fizermos a inversão, descobriremos outro fator relacionado, que indica o contrário, ou seja, o valor presente, originário de um valor futuro, submetido a um deságio de certa taxa de juros e certo período de tempo:

$$PV = FV \cdot \frac{1}{(1 + i)^n}$$

Agora, a notação é diferente e indica o novo fator de correção $1/(1 + i)^n$, que nada mais é que o fator anterior invertido, conforme vemos a seguir:

$$P = F \cdot (P/F; i; n)$$

## Perguntas & respostas

### O que são fatores de correção?

São indicadores que resultam das combinações da taxa de juros e do tempo, em função das fórmulas para cada relação de equivalência de capitais, de acordo com os elementos envolvidos, sejam eles valores presentes ou valores futuros, sejam séries de pagamentos uniformes ou séries de pagamentos gradientes. Os fatores de correção ou de capitalização servem para converter rapidamente um tipo de elemento financeiro em outro.

As **próximas relações de equivalência** que precisamos conhecer são as que se dão entre o **valor futuro** e os **valores dos fluxos intermediários** entre o valor presente e este mesmo valor futuro, quando analisamos séries uniformes de pagamentos. Para tanto, vamos ver mais uma vez um fluxo de caixa desse tipo:

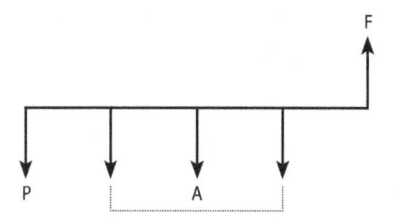

Se utilizarmos a fórmula a seguir, será possível capitalizar os valores dos fluxos da série uniforme "A" para valores futuros, de forma que, repetindo-a para todos os fluxos e somando-os, acharemos um único valor futuro para estes:

$$F = A \cdot (1+i)^{n-1} + A \cdot (1+i)^{n-2} + \ldots + A \cdot (1+i) + A$$

Após todos os cálculos, encontramos o fator $F = A \cdot (1+i)^n - 1/i$, que é a expressão que traz todos os fluxos de uma série para valor futuro, sendo representada por:

$$F = A \cdot (F/A; i; n)$$

Ao invertermos "F" e "A", encontramos o fator $A = F \cdot i / (1+i)^{n-1}$, que é a expressão na qual, com base nos valores futuros, indicamos a série de valores uniformes "A". Ou seja:

$$A = F \cdot (A/F; i; n)$$

Da mesma forma que é possível relacionar uma série de fluxos intermediários uniformes "A" com valores **futuros**, é possível também fazê-los com valores **presentes**, como podemos ver na fórmula a seguir:

$$P = \frac{A}{(1+i)^1} + \frac{A}{(1+i)^2} + \ldots + \frac{A}{(1+i)^n}$$

Obtemos a expressão matemática a seguir, a qual, na prática, representa a relação de equivalência P = A · (P/A; i; n):

$$P = A \cdot \frac{(1 + i)^n - 1}{i \cdot (1 + i)^n}$$

Da mesma forma, ao invertermos a relação, encontramos a relação de equivalência A = P · (A/P; i; n):

$$A = P \cdot \frac{i \cdot (1 + i)^n}{(1 + i)^n - 1}$$

Além do que vimos até aqui, há também as relações de equivalência para fluxos de caixa gradientes, ou seja, uma série de pagamentos com valores não uniformes, representadas por "G". As relações de equivalência permitem encontrar o valor presente ou uma série de pagamentos uniforme, com base nas séries gradientes, formando, portanto, relações dos seguintes tipos: P = G · (P/G; i; n) e A = G · (A/G; i; n).

As fórmulas para as duas reações de equivalência, respectivamente, são:

$$P = G \left\{ \left[ \frac{(1 + i)^n - 1}{i^2} - \frac{n}{i} \right] \cdot \frac{1}{(1 + i)^n} \right\}$$

$$A = G \left[ \frac{1}{i} - \frac{n}{i} \cdot \frac{i}{(1 + i)^n - 1} \right]$$

Nesses casos, dada a complexidade dos cálculos, é bem mais prático fazer uso das tabelas financeiras, disponíveis ao final deste livro e também em *websites* que se dedicam à matemática financeira e à engenharia econômica.

## Exercícios resolvidos

1. Relacione a coluna da esquerda com a coluna da direita e, em seguida, assinale a alternativa que indica a resposta correta:

   1. Valor presente        ( ) Fluxos com setas para baixo
   2. Entrada de recursos   ( ) Representação gráfica
   3. Fator de correção     ( ) Denominador entre séries
   4. Investimento              de fluxos
   5. Fluxo de caixa        ( ) Combinações de taxas de juros
                                e tempo
                            ( ) Fluxos com setas para cima

   a) 5, 3, 1, 2, 4.
   b) **4, 5, 1, 3, 2.**
   c) 1, 2, 5, 4, 3.
   d) 2, 5, 3, 4, 1.
   e) 3, 2, 5, 4, 1.

2. Uma empresa adquiriu um equipamento por R$ 10.000,00 e este trará três retornos anuais de R$ 2.000,00, além de um valor residual de R$ 4.000,00 no início do quarto ano. De posse dessas informações, elabore o fluxo de caixa dessa aquisição:

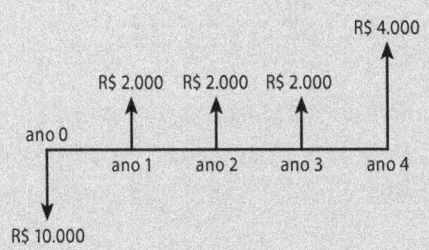

```
                                            R$ 4.000
                                               ↑
              R$ 2.000  R$ 2.000  R$ 2.000
                 ↑         ↑         ↑
      ano 0
              ano 1     ano 2     ano 3     ano 4
         ↓
      R$ 10.000
```

3. Leia as sentenças a seguir e, depois, assinale a alternativa que indica a resposta correta:

   I. Os fatores de correção do capital decorrem das taxas de juros e do tempo.
   II. Não existem denominadores comuns para diferentes fluxos de capitais.
   III. Os investimentos são representados graficamente por setas para baixo.
   IV. O fluxo de caixa não é muito relevante para a sobrevivência das empresas.

   a) Todas as sentenças são verdadeiras.
   b) **As sentenças I e III são verdadeiras.**
   c) Apenas a sentença I é verdadeira.
   d) As sentenças II, III e IV são verdadeiras.
   e) Todas as sentenças são falsas.

4. Calcule o valor presente de uma aplicação que, após 4 meses, tem um saldo de R$ 11.730,00, com uma taxa de juros de 0,86% a.m.

$$FV = 11.730,00$$
$$i = 0,86\%, \text{ que precisa ser escrito como } 0,0086$$
$$n = 4$$
$$PV = \frac{11.730}{(1 + 0,0086)^4}$$

A resposta é **R$ 11.335,02**, o que equivale aos mesmos R$ 11.730,00 futuros, descontados à taxa de 0,86% mensais por 4 meses.

# Principais conceitos econômicos e financeiros das empresas

3

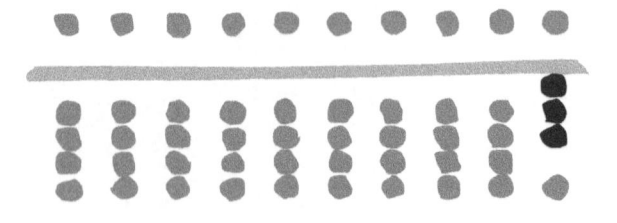

**Conteúdos do capítulo:**
- Conceitos econômicos.
- Conceitos financeiros.

*A*gora que você já domina os conceitos básicos da matemática financeira, de capitalização, amortização e descontos, além de compreender a equivalência de capitais, vamos aprofundar, neste capítulo, os conhecimentos e entender os principais **conceitos financeiros** para a atividade empresarial, que **são importantes parâmetros decisórios**.

Para a consecução exitosa da atividade empresarial, é fundamental apresentar uma **boa saúde financeira** e **fundamentos econômico-financeiros** em **boas condições**, que sirvam, entre outras coisas, para facilitar a captação de recursos no mercado de ações e por outras vias do sistema financeiro, como a emissão de debêntures e a contração de empréstimos ou financiamentos no sistema bancário, conforme podemos ver a seguir.

## 3.1 Conceitos econômicos

Os **conceitos econômicos** se caracterizam por ter um perfil mais estático, ou seja, mais relacionado aos resultados contábeis, refletindo a situação da organização em determinados momentos, de tal forma que podemos fazer uma analogia desses conceitos com uma fotografia.

Os conceitos que vamos abordar nos próximos itens indicam referências, ou seja, são parâmetros que balizam as decisões de engenharia econômica, os quais podem ou não ser adotados. Essas referências ajudam na realização – ou não – de um investimento e seriam, *grosso modo*, os primeiros *checkpoints*[1] a serem observados para a tomada da decisão. A não observância desses critérios leva o decisor a incorrer em investimentos que não se justificam.

### 3.1.1 Custo de oportunidade ou taxa mínima de atratividade (TMA)

O **custo de oportunidade** ou **taxa mínima de atratividade (TMA)** é a menor rentabilidade que poderia ser obtida sem a necessidade de empreender ou, ainda, com menores esforços ou riscos. Freitas, Siqueira e Paulo (2008, p. 222) a definem como "taxa de retorno sobre a melhor alternativa de investimento, que não foi selecionada".

No caso do Brasil, costumamos entender que o custo de oportunidade é a remuneração paga às aplicações na caderneta de poupança, cuja rentabilidade varia de acordo com a taxa básica de juros, a Selic (Sistema Especial de Liquidação e Custódia): se esta for inferior a 8,5% ao ano, a poupança renderá 70% da taxa básica; caso contrário, a poupança renderá 0,5% mensal mais a TR (taxa de referência).

Isso nos indica que, se um projeto ou investimento empresarial nos oferece um retorno inferior ao da caderneta de

---

[1] *Checkpoints* são os pontos de controle de uma atividade ou atribuição, fundamentais para que esta ocorra dentro dos padrões preestabelecidos de adequação normativa ou técnica.

poupança, ele deve ser sumariamente descartado e outra opção deve ser buscada.

### 3.1.2 Custo médio ponderado de capital

Segundo Bischoff (2013, p. 151), o **custo médio ponderado de capital** é um indicador que "reflete o custo médio ponderado das fontes de financiamento da empresa". Em outras palavras, como a empresa opera com recursos próprios e recursos de terceiros, precisa remunerar ambos.

No caso dos **recursos próprios**, os empresários ou seus acionistas têm uma expectativa de retorno, acima do custo de oportunidade, que recompensa o risco que correm por aportar seus recursos nas empresas. Para os **recursos de terceiros**, há as alternativas de financiamento e de empréstimos que viabilizam a consecução dos investimentos e do capital de giro.

Já Motta e Calôba (2002, p. 354) nos explicam que o custo médio ponderado de capital é "usado diretamente como taxa de juros 'i' nos métodos do valor presente líquido (VPL) e do custo anual equivalente (CAE)".

## Perguntas & respostas

**1. O que é custo de oportunidade?**

É a rentabilidade mínima que um projeto de investimento empresarial precisa obter. Do contrário, será descartado, já que essa rentabilidade pode ser conseguida simplesmente investindo-se em ativos financeiros, sem empreender.

**2. O que é custo médio ponderado?**

É a média ponderada entre os recursos próprios da empresa, sem exigibilidade, e os recursos de terceiros, com exigibilidade de juros. Essa taxa é uma referência importante para definir se a rentabilidade que um investimento pode proporcionar é interessante ou não.

### 3.1.3 Valor econômico agregado (EVA)

O **valor econômico agregado** (EVA, do inglês *economic value added*) é a contribuição adicional que um investimento, qualquer que este seja (maquinários, processos, atividades etc.), traz aos resultados financeiros da organização. Esse valor agregado é representado pelo lucro operacional antes do Imposto de Renda menos o capital investido atualizado pelo custo de oportunidade.

### 3.1.4 Inflação

**Inflação** é o processo de alta dos preços dos produtos e serviços, o qual, conforme Sandroni (2005, p. 426), "resulta uma contínua perda do poder aquisitivo da moeda".

Esse índice é extremamente importante para a economia em geral e, mais especificamente, para as análises corporativas, pois a rentabilidade real representa a evolução (nesse caso, *involução*) do dinheiro ao longo do tempo, exatamente um dos princípios da engenharia econômica.

## 3.2 Conceitos financeiros

Os **conceitos financeiros** apresentam perfil mais dinâmico e refletem o decorrer de um determinado período, que se encerra nos resultados contábeis representados pelos conceitos econômicos. A analogia a ser feita aqui seria com um vídeo, que terminaria no momento exato "fotografado" pelos indicadores econômicos.

Os conceitos que abordamos a seguir também são referências importantes e constituem item de avaliação para a realização ou não de um investimento, porém com o diferencial, já ressaltado antes, de que se trata de indicadores e referenciais mais dinâmicos, os quais analisam a trajetória financeira, culminando nos resultados econômicos da empresa.

### 3.2.1 Taxa interna de retorno (TIR)

Sandroni (2005) apresenta a **taxa interna de retorno (TIR)** como uma das diversas formas de medir a rentabilidade de um investimento. Essa taxa iguala o VPL a 0 (zero) e tem a importante vantagem de considerar o decurso de tempo na análise dos fluxos de caixa de um projeto. Isso é fundamental na comparação de alternativas de investimento.

### 3.2.2 *Payback*

O *payback* é um indicador que apresenta o espaço de tempo necessário para que um investimento se pague, ou seja, para que um valor investido seja integralmente recuperado e, a partir daí, as inversões em questão alcancem o estágio de maturação e passem a trazer lucro para seus investidores. É um indicador de **ponto de equilíbrio** para os investimentos.

### 3.2.3 Capital de giro

O **capital de giro** é um tipo de capital complementar aos capitais feitos para os investimentos (aquisição de equipamentos, imóveis, maquinário etc.). Segundo Freitas, Siqueira e Paulo (2008, p. 137), é utilizado "para o financiamento dos ativos circulantes da empresa e que garante uma margem de segurança no financiamento da atividade operacional". Trata-se de um dos pontos que mais implicam mortalidade de micro e pequenas empresas no Brasil.

---

## Perguntas & respostas

### O que é capital de giro?

É o capital que faz os negócios de uma empresa se viabilizarem, de forma complementar aos investimentos realizados.

São recursos para movimentações e necessidades cotidianas (luz, água, salários, insumos etc.), sem os quais as atividades seriam paralisadas.

### 3.2.4 Fluxo de caixa

Como já dissemos anteriormente, o **fluxo de caixa** representa as entradas e saídas de recursos da empresa, mostrando o movimento do capital desta. Freitas, Siqueira e Paulo (2008, p. 318) mencionam que esses fluxos indicam "a definição do ponto de equilíbrio do empreendimento".

Com base nos fluxos de caixa é possível avaliar os ciclos operacionais e dimensionar a necessidade de capital de giro de uma empresa.

### 3.2.5 Depreciação

A **depreciação** é um conceito contábil que nos indica, conforme Sandroni (2008, p. 128), a "redução do valor de um ativo em consequência de desgaste pelo uso, obsolescência tecnológica ou queda no preço de mercado – geralmente de máquinas, equipamentos e edificações". Além disso, a depreciação funciona como conta redutora do Ativo e impacta nos valores de Imposto de Renda a serem pagos.

Além desses conceitos, há outros que já abordamos nos capítulos anteriores, como o VPL e o valor futuro, que também são importantes nas finanças corporativas.

Os conceitos econômicos e financeiros discutidos neste capítulo formam um conjunto de indicadores que têm por finalidade referenciar os processos decisórios de investimento, tornando-os mais refinados e com maior probabilidade de êxito.

# Exercícios resolvidos

1. Relacione a coluna da esquerda com a da direita. Depois, marque a alternativa que indica a resposta correta:

   1. Inflação
   2. Payback
   3. Custo de oportunidade
   4. Valor econômico agregado
   5. Depreciação
   6. Capital de giro
   7. Fluxo de caixa

   ( ) Menor rentabilidade obtida sem empreender
   ( ) Alta dos preços
   ( ) Entradas e saídas de recursos
   ( ) Complementação dos investimentos
   ( ) Contribuição adicional de um investimento
   ( ) Redução do valor de um ativo
   ( ) Tempo de recuperação do investimento

   a) 4, 6, 2, 1, 3, 5, 7.
   b) 2, 7, 3, 1, 5, 6, 4.
   c) **3, 1, 7, 6, 4, 5, 2.**
   d) 1, 5, 2, 4, 3, 6, 7.
   e) 7, 6, 3, 1, 2, 4, 5.
   f) 5, 6, 1, 3, 2, 7, 4.

2. Assinale a alternativa que melhor define o conceito de *taxa interna de retorno* (TIR):

   a) Tempo necessário para recuperar um investimento realizado.
   b) Elevação dos preços de bens e serviços.
   c) Entradas e saídas de recursos.
   d) **Medida de rentabilidade de um investimento, que iguala o valor presente a zero.**
   e) Medida de adição de valor mediante os investimentos realizados.

3. Leia as sentenças no quadro a seguir e assinale verdadeiro ou falso:

|  | Verdadeiro | Falso |
|---|---|---|
| A depreciação é uma perda do valor de um Ativo, sendo, portanto, uma conta redutora deste. | X | |
| O capital de giro é o valor que se associa ao investimento e faz com que as atividades da empresa se mantenham em andamento. | X | |
| A TIR mede o tempo de recuperação do capital investido. | | X |
| O custo médio ponderado do capital não é uma medida que sirva de parâmetro de comparação para a rentabilidade de um investimento. | | X |
| A inflação é o fator que transforma uma taxa de juros nominal em taxa de juros real. | X | |

4. Assinale a alternativa que melhor define *valor econômico agregado*:
   a) É a taxa de remuneração do capital, resultante da média ponderada dos custos do capital próprio e do capital de terceiros.
   b) **É uma medida da contribuição adicional que determinado investimento trouxe ao resultado financeiro da empresa.**
   c) É uma conta redutora do Ativo das empresas, representando a desvalorização de seus equipamentos.

d) É o indicador que utilizamos para avaliar os ciclos operacionais de cada empresa e sua necessidade de capital de giro.
e) É o indicador de alta de preços na economia, que é utilizado para transformar taxas de juros nominais em taxas reais.

5. Assinale a alternativa que melhor define *payback*:
   a) É a rentabilidade mínima esperada para os investimentos e que definirá se os projetos devem ser executados ou não.
   b) Indicador resultante da descapitalização de valores futuros para valores presentes, mediante a Taxa Mínima de Atratividade (TMA).
   c) **É um indicador de maturação dos projetos de investimento, representado pelo tempo necessário para recuperação dos investimentos realizados.**
   d) São os valores que mantêm a viabilidade das empresas e complementam os recursos destinados aos investimentos.
   e) É um indicador que pode ser representado graficamente por setas para cima e para baixo, que sinalizam entradas e saídas de recursos.

# Projetos de investimento

**4**

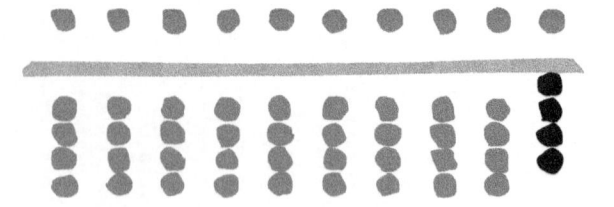

**Conteúdos do capítulo:**

- Conceito de projetos de investimento.
- Indicadores de rentabilidade.
- Indicadores de risco.

Neste capítulo, traremos uma noção clara do que é um **projeto de investimentos** e sua aplicação. Também apresentaremos os indicadores de rentabilidade e de risco, que estruturam um projeto e auxiliam na verificação de viabilidade econômico-financeira, bem como na decisão pela execução ou não dos projetos.

Um *projeto de investimento* é, **nas palavras de Bischoff (2013, p. 19),** "um modelo, que incorpora informações qualitativas e quantitativas, e que permite simular a viabilidade (ou não) de uma ou mais alternativas de investimento". Além disso, representa documentalmente uma decisão empresarial: a de **realizar um investimento**. Segundo Souza e Clemente (2006, p. 69), "um investimento, para a empresa, é um desembolso feito visando gerar um fluxo de benefícios futuros, usualmente superior a um ano". Sendo assim, podemos subentender que a empresa deixará de dar qualquer outra utilização aos recursos envolvidos para aplicá-los em um investimento, com a expectativa de que essa decisão traga **mais lucros ou retornos mais significativos** e interessantes do que se os recursos em questão fossem utilizados para pagar fornecedores, salários, impostos, capital de giro ou qualquer outra finalidade a ser atendida, ou, ainda, se fossem simplesmente aplicados no mercado financeiro.

Ainda de acordo com Souza e Clemente (2006, p. 70), "os indicadores de análise de projetos de investimento podem ser subdivididos em dois grupos: indicadores associados à rentabilidade (ganho ou criação de riqueza) do projeto e indicadores associados ao risco do projeto". Nas entrelinhas, o que essa afirmação nos mostra é que um projeto de investimento bem estruturado concilia, tanto quanto possível, o ímpeto do empreendedor de buscar lucros – ou o seu "espírito animal", como diria John Maynard Keynes (1883-1946) – e os riscos envolvidos. Em outras palavras, um projeto de investimentos estimula o empresário a desenvolver sua atividade e buscar o lucro, mas também visa evitar a assunção de riscos desnecessários.

*Um projeto de investimentos estimula o empresário a desenvolver sua atividade e buscar o lucro, mas também visa evitar a assunção de riscos desnecessários.*

O mercado financeiro tem como um de seus principais axiomas que "o retorno é inversamente proporcional ao risco", e assim geralmente têm sido estruturados os **ativos financeiros**. Ativos de **renda fixa**, os quais, teoricamente, apresentam menor risco, normalmente rendem menos do que os de **renda variável** (quando estes apresentam rentabilidade positiva), porém também apresentam perdas menos significativas, no cenário em que a renda variável também perde, o que significa que os ativos de renda variável são mais voláteis ou têm resultados que oscilam mais em relação à média. Esses ativos financeiros representam o chamado *custo de oportunidade*, que, conforme veremos mais à frente, é um dos parâmetros que balizam a formulação de um projeto de investimentos.

# Perguntas & respostas

**O que são projetos de investimento?**

São conjuntos de análises e indicadores que definem a viabilidade econômico-financeira ou não dos investimentos que se pretende realizar. Os projetos de investimento também abrangem representações documentais dessas mesmas análises.

A literatura disponível nos mostra que os indicadores de análise de um projeto de investimento se distribuem da seguinte maneira:

- **Indicadores de rentabilidade:** Valor presente líquido (VPL), valor presente líquido anualizado (VPLa), índice benefício/custo (IBC), taxa interna de retorno (TIR) e retorno sobre o investimento (ROI).
- **Indicadores de risco:** Taxa interna de retorno (TIR), *payback* e Ponto de Fisher.

Agora que já temos em mente quais são os indicadores de um projeto de investimento, podemos conhecê-los mais profundamente, iniciando pelos indicadores de rentabilidade.

## 4.1 Indicadores de rentabilidade

Conforme vimos anteriormente, os **indicadores de rentabilidade** mostram a capacidade que o projeto de investimento tem de agregar valor, ou seja, de aumentar o patrimônio da empresa e, consequentemente, suas perspectivas de perpetuidade.

A capacidade de acumular valor ou de rentabilizar é fundamental na medida em que comparamos esses indicadores com outros que estudamos antes – a exemplo da inflação –, evidenciando assim a validade dos investimentos a serem feitos.

### 4.1.1 Valor presente líquido (VPL)

O **valor presente líquido (VPL)** tem um caráter eliminatório para a análise de um projeto de investimento. Se o VPL obtido for inferior a 0 (zero), o projeto deve ser **descartado**. Para calcularmos o VPL, precisamos aplicar o conceito de **equivalência de capitais**, que foi abordado no Capítulo 2.

$$VPL = \frac{FV}{(1+i)^1} + \frac{FV}{(1+i)^2} + \ldots + \frac{FV}{(1+i)^n}$$

Um detalhe que precisa ser levado em consideração para o cálculo do indicador de VPL é que a variável "i", referente à taxa de juros, nesse caso, é a taxa mínima de atratividade (TMA). Conforme vimos no Capítulo 3, a TMA é uma referência de qual rentabilidade pode ser auferida por um determinado investimento sem maiores esforços. Assim, evidencia-se que, se um projeto tem VPL zero ou inferior, do ponto de vista financeiro, é mais producente simplesmente se tornar um rentista, aplicando esses recursos no mercado financeiro e obtendo a renda proveniente dos juros.

Vejamos, a seguir, um exemplo prático dessa situação.

## *Exemplo 1*

Você é diretor da Indústria de Alimentos Coma Bem e vai adquirir uma nova máquina, a qual consegue embalar seus produtos com redução de 10% do tempo que era necessário antes. O pagamento será à vista, no valor de R$ 10.000,00, e você deverá ter incrementos da ordem de R$ 3.000,00 no primeiro ano e, a cada ano, esse incremento aumentará em R$ 200,00. Calcule, então, o VPL, considerando uma taxa de juros de 8% a.a:

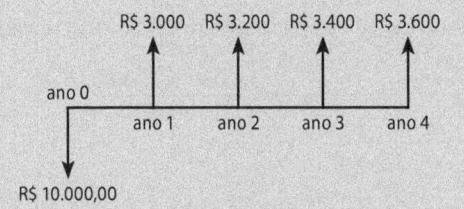

```
        R$ 3.000  R$ 3.200  R$ 3.400  R$ 3.600
           ↑         ↑         ↑         ↑
   ano 0
            ano 1    ano 2    ano 3    ano 4
     ↓
  R$ 10.000,00
```

Depois de montado o fluxo, vamos aplicar a fórmula que vimos no Capítulo 2 e calcular o VPL – dessa vez, **com fluxos positivos e negativos**:

$$\sum PV = \left[ \frac{PV}{(1+i)^1} + \frac{PV}{(1+i)^2} + \frac{PV}{(1+i)^3} + \frac{PV}{(1+i)^4} \right] - \frac{PV}{(1+i)^0}$$

$$\sum PV = \left[ \frac{3.000}{(1+0{,}08)^1} + \frac{3.200}{(1+0{,}08)^2} + \frac{3.400}{(1+0{,}08)^3} + \frac{3.600}{(1+0{,}08)^4} \right] - \frac{10.000}{(1+0{,}08)^0}$$

$$\sum PV = [2.777{,}78 + 2.743{,}48 + 2.699{,}03 + 2.646{,}11] - 10.000 =$$

$$\sum PV \text{ ou VPL} = 866{,}40$$

Agora que já sabemos como calcular o VPL, podemos avançar um pouco mais nos nossos estudos. A seguir, vamos analisar o mesmo VPL, mas de forma anualizada.

### 4.1.2  Valor presente líquido anualizado (VPLa)

O **valor presente líquido anualizado (VPLa)** é uma variação do indicador de VPL. No VPLa, em vez de simplesmente transformar os valores futuros em valores presentes, o indicador **uniformiza** a série de fluxos.

A uniformização dos fluxos é interessante para projetos que exigem espaços de tempo mais significativos (Treasy, 2013). O motivo é que a análise não ocorre pelo valor acumulado ao longo do projeto, mas sim pelo valor médio de cada período.

A fórmula que transforma o VPL em VPLa é:

$$VPLa = VPL \cdot \left( \frac{i \cdot (1+i)^n}{(1+i)^n - 1} \right)$$

Considerando nosso exemplo, o VPLa seria o seguinte:

$$VPLa = 866{,}40 \cdot \left( \frac{0{,}08 \cdot (1 + 0{,}08)^4}{(1 + 0{,}08)^4 - 1} \right)$$

$$VPLa = 261{,}58$$

Uma vez que, a partir daqui, já há o domínio sobre os conceitos de VPL e VPLa, é preciso entender também o índice benefício/custo (IBC).

### 4.1.3 Índice benefício/custo (IBC)

O **índice benefício/custo (IBC)** é mais um indicador que dependerá do cálculo do VPL e, portanto, do conceito de equivalência de capitais. Trata-se tão somente da razão entre os valores presentes dos fluxos de retorno do capital (fluxos de entrada de recursos) e os valores presentes dos fluxos de investimentos (fluxos de saída dos recursos). Vamos conferir a fórmula a seguir:

$$IBC = \frac{\text{Soma dos VPLs dos benefícios (retornos do capital)}}{\text{Soma dos VPLs dos investimentos (saídas do capital)}}$$

O resultado também indicará se a análise do projeto deve **seguir** (IBC acima de 1), ou se ela simplesmente deve **ser encerrada** (IBC abaixo de 1).

Considerando o exemplo de VPL que vimos anteriormente, teríamos um IBC calculado da seguinte forma:

$$IBC = \frac{2.777{,}78 + 2.743{,}48 + 2.699{,}03 + 2.646{,}11 = 10.866{,}40}{10.000{,}00} = 1{,}086$$

Como pudemos ver, o IBC é um indicador de rentabilidade fortemente ligado ao VPL, pois compara entradas e saídas de recursos em valores presentes. Assim, já podemos prosseguir com o indicador da Taxa Interna de Retorno (TIR).

### 4.1.4 Taxa interna de retorno (TIR)

A **taxa interna de retorno (TIR)** é um indicador de análise que informa qual é a taxa de retorno que iguala o VPL de um projeto a 0 (zero). Assim, podemos também entender que esse é um "ponto de equilíbrio" do projeto, a partir do qual não se apresentariam mais prejuízos, e sim resultados financeiros positivos. Entretanto, esse indicador precisa ser comparado ainda à TMA, com o objetivo de avaliar se o projeto é ou não atrativo o suficiente para sua execução. Em outras palavras, não basta ao projeto simplesmente não dar prejuízo, é preciso também **superar** determinados padrões de rentabilidade.

Apesar de sua importância, calcular a TIR manualmente requer procedimentos matemáticos mais complexos, pois a incógnita das questões (nesse caso, juros, ou "i") passa a ser exatamente aquela que é submetida a uma operação de potência. Para ser descoberta, deve ser feita uma operação inversa, de radiciação. Por isso, a literatura recomenda o procedimento de tentativa e erro ou a consulta às tabelas financeiras (disponíveis nos anexos deste livro), que nos trazem os fatores de cálculos (por taxa de juros e por número de períodos) em função dos diversos fluxos de caixa possíveis, conforme abordamos no Capítulo 2.

Entretanto, o que recomendamos principalmente é o uso das **planilhas eletrônicas** e das calculadoras financeiras, que tornam desnecessários tanto o procedimento de tentativa e erro quanto a consulta às tabelas financeiras. Com elas, é possível simplesmente informar os valores de cada fluxo de caixa, e o cálculo da TIR (e do VPL) será automático.

Vamos calcular a TIR para nosso exemplo, com base em uma calculadora financeira:

10000 CHS g CFo

3000 g CFj

3200 g CFj

3400 g CFj

3600 g CFj

8 i

f FV

**A TIR deste fluxo é de 11,71%.**

A TIR, como pudemos conferir, é um indicador que define a taxa a partir da qual se começa a acumular recursos, a qual precisa atender a certo padrão exigido, representado pela TMA. Essa medição de retorno é feita também pelo indicador de retorno sobre o investimento (ROI).

### 4.1.5 Retorno sobre o investimento (ROI)

O **retorno sobre o investimento (ROI)** é um indicador que apresenta, em termos percentuais, o valor agregado pelo projeto de investimento; ou seja, sob outro formato, ele indica o valor econômico agregado (EVA) de um projeto. Esse conceito foi abordado no Capítulo 3 e nos mostra quantas unidades monetárias foram geradas para cada unidade monetária de investimentos.

Para visualizarmos graficamente a ROI do nosso exemplo, vamos recorrer aos dados já apresentados nos outros indicadores, considerando o valor presente como 1 e o valor do último fluxo como o IBC (calculado anteriormente). Obtemos, dessa maneira, o seguinte fluxo:

```
        1,086
      ↑ ↑ ↑ ↑
    0 |       |
      ├───┬───┬───┬───┤
          1   2   3   4
    ↓
   -1
```

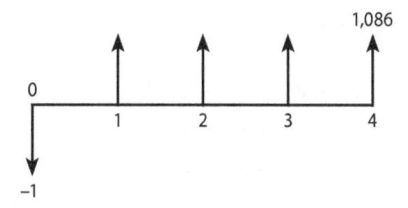

Assim, fica claro que a ROI seria a taxa de juros que faz com que o valor presente 1, ao fim do prazo do projeto, alcance a taxa do IBC. Como estamos falando de taxas, a melhor forma de fazê-lo é via calculadora financeira ou planilha, usando a fórmula de capitalização composta, que vimos no Capítulo 1:

1 CHS PV

1,086 FV

4 n

i

**O resultado foi 2,08%.** Este, portanto, é o ROI ou, ainda, o retorno que o projeto vai agregar. Logo, isso significa 2,08% acima da TMA.

## Perguntas & respostas

### O que são indicadores de rentabilidade?

São os indicadores que determinam a capacidade que um projeto de investimento tem de adicionar valor à empresa, a partir dos seus resultados. São eles: valor presente líquido (VPL), valor presente líquido anualizado (VPLa), índice benefício/custo (IBC), taxa interna de retorno (TIR) e retorno sobre o investimento (ROI).

## 4.2 Indicadores de risco

Os **indicadores de risco** têm por finalidade minimizar as possibilidades de perda ou de prejuízo que os projetos de investimento naturalmente já apresentam, de forma a contrabalançar o possível otimismo excessivo que decorre dos números obtidos pelos indicadores de rentabilidade.

A necessidade de equilibrar as dimensões de retorno e risco conduz a análise a ponderar a forma como se dá o retorno, tendo em vista a exposição do capital investido aos riscos, para que estes se justifiquem e viabilizem o investimento.

### 4.2.1 Taxa interna de retorno (TIR)

Já havíamos abordado a **taxa interna de retorno (TIR)** na seção sobre indicadores de rentabilidade, dispensando repetir a demonstração a respeito. Porém, cabe aqui frisar que a mesma análise já apresentada, comparando a TIR com a TMA, é também um indicativo de risco do projeto de investimento, já que – vamos relembrar – um dos principais axiomas do mercado financeiro é: "a rentabilidade auferida é inversamente proporcional aos riscos envolvidos".

### 4.2.2 *Payback*

O indicador de risco de *payback* mede quanto tempo é necessário para que o fluxo de saída de capital (investimento) empenhado no projeto seja recuperado. Dessa forma, temos aqui uma avaliação da maturação dos projetos de investimento, sendo possível, por exemplo, colocá-los em perspectivas não financeiras, como as do planejamento estratégico das empresas, para avaliar a pertinência dos projetos.

Há dois tipos de indicador de *payback*, o **simples** e o **descontado**. Vejamos suas características a seguir.

1. **Simples:** É uma forma de análise menos complexa, na qual os custos de capital não são parte integrante e, consequentemente, os valores considerados aqui são nominais, ou seja, sem atualização do dinheiro ao longo do tempo, o que torna a análise mais rápida, porém também mais imprecisa.
2. **Descontado:** São considerados, nesta modalidade, os custos de capital e os valores analisados são reais, isto é, com atualização do dinheiro ao longo do tempo. Sendo assim, essa modalidade requer mais cálculos, porém, em compensação, é mais precisa.

Agora que temos uma noção mais clara sobre o indicador de *payback*, é possível entender por que ele é um indicador de risco: quanto maior o prazo de retorno do investimento, maior a exposição ao risco (Bischoff, 2013). Voltando ao axioma que citamos no começo do capítulo ("quanto maior o risco, maior a rentabilidade"), observamos que projetos com *paybacks* mais longos tendem a ser rejeitados, por oferecerem rentabilidades menores e exporem os capitais aos riscos por maiores espaços de tempo; do contrário, os capitais investidos seriam recuperados mais rapidamente.

## Exemplo 2

Retomemos o exemplo da máquina de embalagens da Indústria Coma Bem, mantida a mesma taxa de desconto dos fluxos (8% a.a.):

|             | Ano 0 (R$) | Ano 1 (R$) | Ano 2 (R$) | Ano 3 (R$) | Ano 4 (R$) |
|-------------|-----------:|-----------:|-----------:|-----------:|-----------:|
| Retorno     |          0 |      3.000 |      3.200 |      3.400 |      3.600 |
| Investimento|     10.000 |          0 |          0 |          0 |          0 |
| Resultado   |    −10.000 |      3.000 |      3.200 |      3.400 |      3.600 |

No caso do *payback* simples, é preciso somar os retornos um a um até que o valor dos investimentos seja totalmente coberto. Pela tabela acima, isso ocorreria no 4º ano, pois a soma dos retornos dos 3 primeiros anos é de R$ 9.600,00 (3.000,00 + 3.200,00 + 3.400,00) ante os R$ 10.000,00 investidos. Isso significa que, em algum momento do 4º ano, o *payback* se completará. Mas em qual momento?

Como o retorno do 4º ano é de R$ 3.600,00, serão R$ 300,00 mensais (R$ 3.600,00 divididos por 12); logo, os R$ 400,00 restantes (R$ 10.000,00 – R$ 9.600,00) serão conseguidos em pouco menos de 2 meses. Para efeito de entendimento, vamos fazer a aproximação do resultado: consideraremos o **payback simples** desse exemplo como sendo de **3 anos e 2 meses**.

Para o *payback* descontado, o cálculo é parecido – porém, antes, precisamos **converter** todos os fluxos futuros em valores presentes. Como já havíamos feito esses cálculos no nosso exemplo, para calcular o VPL (indicador de rentabilidade), vamos aproveitar os valores já descobertos:

|  | Ano 0 (R$) | Ano 1 (R$) | Ano 2 (R$) | Ano 3 (R$) | Ano 4 (R$) |
|---|---|---|---|---|---|
| Retorno | 0 | 3.000 | 3.200 | 3.400 | 3.600 |
| Retorno (PV) | 0 | 2.777,78 | 2.743,48 | 2.699,03 | 2.646,11 |
| Investimento | 10.000 | 0 | 0 | 0 | 0 |
| Resultado | –10.000 | 2.777,78 | 2.743,48 | 2.699,03 | 2.646,11 |

A somatória dos três primeiros fluxos de caixa positivos, trazidos a valor presente (R$ 2.777,78 + R$ 2.743,48 + R$ 2.699,03), é R$ 8.220,29. Precisamos, no 4º ano, recuperar ainda R$ 1.779,71, e temos R$ 2.646,11 para isso. Por meio de cálculo da "regra de três", descobrimos que precisaremos de mais 0,67 ano, ou aproximadamente 8 meses (0,67 · 12 meses). Portanto, o **payback descontado** desse caso é de, aproximadamente, **3 anos e 8 meses**.

Perceba que o *payback* descontado, vale frisar, tem maior grau de precisão – nesse caso, seria 6 meses maior do que no *payback* simples. Essa diferença, aparentemente banal ou irrelevante, pode implicar prejuízos para a empresa se não for devidamente considerada e incluída no seu planejamento, ainda mais se lembrarmos que, em certas situações, a análise será feita com projetos de elevado valor.

A principal crítica que se faz ao indicador de *payback* é a de que ele desconsidera os fluxos de caixa, que são os retornos de capital após o ponto em que os investimentos são plenamente recuperados.

### 4.2.3 Ponto de Fisher

Cada projeto de investimento apresenta uma TIR, e isso implica a necessidade de comparar esses projetos, igualando seus VPLs. Porém, como fazê-lo se cada projeto tem um VPL diferente? Esse é o objetivo do **Ponto de Fisher**, indicador que parelha os projetos por período.

Com base nas diferenças dos VPLs para cada período, é feito um cálculo da TIR, conforme podemos ver no exemplo a seguir:

| Período | Projeto A (R$) | Projeto B (R$) | Fisher (A – B) (R$) |
|---|---|---|---|
| 0 | −50.000 | −40.000 | −10.000 |
| 1 | 10.000 | 8.000 | 2.000 |
| 2 | 15.000 | 10.000 | 5.000 |
| 3 | 20.000 | 16.000 | 4.000 |
| 4 | 20.000 | 16.000 | 4.000 |
| TIR | 10,14% | 8,44% | 16,97% |

Com este Ponto de Fisher, de 16,97%, entendemos essa taxa como sendo a TIR, que iguala o VPL dos dois projetos e, **economicamente falando**, faz com que seja indiferente escolher um projeto ou o outro. Isso, evidentemente, não torna desprezíveis os aspectos específicos e técnicos dos projetos, pelo contrário: **valoriza-os ainda mais.**

É importante frisar também que esses cálculos podem ser feitos por meio de calculadoras financeiras e planilhas eletrônicas, as quais têm funções específicas para cálculos de TIR e VPL. Essas ferramentas ajudam sobremaneira na celeridade da confecção de um projeto de investimento, sendo, portanto, recomendadas.

## Perguntas & respostas

### O que são indicadores de risco?

São indicadores que apresentam quais são as chances de perda de valor ou de prejuízo que os investimentos podem trazer. Servem de contraponto aos indicadores de rentabilidade, os quais, por si sós, podem ser excessivamente otimistas. Esses indicadores são os seguintes: taxa interna de retorno (TIR), *payback* e Ponto de Fisher.

## Estudo de caso

A necessidade de melhorar as condições de distribuição de seus produtos, bem como de aumentar seu alcance de mercado, fez com que a fábrica de produtos plásticos PlastFácil considerasse seriamente a instalação de uma nova planta industrial. Após orçamento realizado pela equipe que trabalha na Diretoria Financeira, concluiu-se que o investimento inicial seria da ordem de R$ 100.000,00. A produção gerada por essa planta proporcionou à empresa, nos 10 anos seguintes, 5 retornos anuais no valor de R$ 17.000,00 e outros 5 retornos anuais de R$ 16.000,00, com uma taxa de juros de 10% a.a.

A instalação dessa nova unidade trouxe importantes ganhos para a empresa, pois aumentou a **eficiência** da distribuição, já que mais rotas logísticas puderam ser aproveitadas. Além disso, diminuiu a pressão sobre a planta existente antes, que agora atende a menos localidades. Nos locais que já eram atendidos pela primeira planta, o tempo necessário para atender os clientes diminuiu cerca de 20% e, agora, o número de pedidos aumentou 15%, o que também resultou em um aumento de 15% no *market share* da empresa.

Para a análise de viabilidade desse projeto, foi necessário calcular os indicadores apresentados neste capítulo: VPL, TIR, VPLa, IBC, ROI, *payback* simples e *payback* descontado.

## Exercícios resolvidos

1. Leia as alternativas a seguir e indique qual delas é única verdadeira:
   a) Os projetos de investimento não contemplam análises suficientes para ajudar no processo decisório.
   b) O tempo necessário para recuperação dos investimentos realizados é igual tanto no *payback* simples quanto no *payback* descontado.
   c) O indicador retorno sobre o investimento (ROI) é um indicador de risco dos projetos de investimento, o que sinaliza ser este um indicador de agregação de valor à empresa.
   d) **O indicador Ponto de Fisher é um cálculo de denominador comum para VPLs diferentes e define o TIR que iguala os VPLs dos diferentes projetos analisados.**
   e) O cálculo manual da TIR não requer o uso de procedimentos matemáticos complexos.

2. Calcule a TIR do seguinte investimento: uma máquina cujo investimento, no ano 0, é de R$ 20.000,00. Nos próximos 4 anos, a máquina dará retornos de R$ 6.000,00 e, ao final do

quarto ano, será vendida por R$ 5.000,00. Considere a taxa de juros como 9% anuais:

20000 CHS g CFo

6000 g CFj

3 g Nj

11000 g CFj

9 i

f FV

**A TIR deste fluxo é de 14,97%.**

3. Calcule agora a VPL desse mesmo fluxo de capitais, mantidos os valores da questão anterior:

20000 CHS g CFo

6000 g CFj

3 g Nj

11000 g CFj

9 i

f PV

**O VPL deste fluxo é de R$ 2.980,45.**

4. Mantidos os mesmos valores das questões 2 e 3, calcule agora o IBC:

$$IBC = \frac{5.504,59 + 5.050,08 + 4.633,10 + 7.792,68 = 22.980,45}{20.000,00} = 1,149$$

Lembre-se de que cada valor a ser somado no numerador é um VPL de cada fluxo, ou seja, um valor trazido a tempo presente.

5. Ainda considerando os mesmos dados, calcule o ROI:

1 CHS PV

1,149 FV

4 n

i

O resultado é **3,53%**. Esse é o retorno que o projeto vai agregar, que, conforme vimos antes, está **acima** da TMA.

# Métodos de avaliação e de comparação de projetos de investimento 5

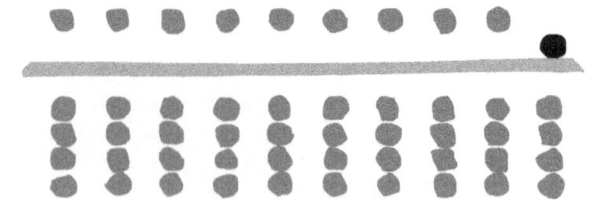

**Conteúdos do capítulo:**

- Comparação de investimentos.
- Método do valor presente líquido (VPL).
- Método da taxa interna de retorno (TIR).
- Método do valor anual uniforme equivalente (VAUE).

Neste livro, você terá uma visão abrangente a respeito de como **comparar investimentos diferentes** e **avaliar os diferentes aspectos econômicos** envolvidos. Isso é importante para que o processo de tomada de decisão seja preciso e mais fácil de ser executado, promovendo os resultados desejados.

Sendo assim, agora que você já tem conhecimento a respeito do que é um projeto de investimento e já entendeu sua finalidade e seus indicadores, é o momento de avançar um pouco mais e aprender a **comparar diferentes oportunidades** de investimentos, para que decisões empresariais sejam adotadas ou não.

Realizar uma comparação das oportunidades ou, mais precisamente, dos projetos de investimento é uma atividade necessária, a ser executada em diversos momentos da vida empresarial e que se reveste de grande importância, uma vez que, dependendo dos montantes e dos riscos envolvidos, uma única decisão

> *Uma única decisão de investimentos equivocada pode trazer grandes transtornos e até mesmo "quebrar" a empresa, inviabilizando a continuidade de suas atividades.*

de investimentos equivocada pode trazer grandes transtornos e até mesmo "quebrar" a empresa, inviabilizando a continuidade de suas atividades.

Por esse motivo, foram desenvolvidos métodos de análise e comparação dos investimentos, os quais permitem, como tudo na engenharia econômica, estabelecer denominadores que igualem situações diferentes, para que a comparação seja direta e simples.

Entretanto, apesar da busca pela simplificação do processo decisório – que é objetivo dos métodos de avaliação –, Souza e Clemente (2006) nos mostram que essa comparação de projetos pode resultar não necessariamente em escolhas nas quais uma alternativa exclui as demais possibilidades, mas também em combinações, como vemos a seguir.

- **Projetos mutuamente exclusivos:** Esta classificação se dá em situações nas quais, em um rol de projetos para investimento, a escolha por um deles fatalmente implicará a desistência ou a impossibilidade de investir nos demais. Nesses casos, recomendamos a escolha pelo investimento que apresentará o **maior valor presente líquido** (VPL). Entretanto, Casarotto Filho e Kopittke (2000) nos mostram que, além do VPL, a taxa interna de retorno (TIR) precisa ser considerada, pois nem sempre o maior VPL representa efetivamente a maior rentabilidade.

- **Projetos independentes:** Este é um cenário no qual a decisão por executar um dos projetos não necessariamente resultará no descarte dos demais, uma vez que todos podem ocorrer simultaneamente. Isso nos faz pressupor que todos os projetos que apresentem um VPL positivo serão escolhidos, desde que o volume de recursos (orçamento) disponível para a realização de novos investimentos seja suficiente para tal.

- **Projetos dependentes:** Neste caso, as opções disponíveis de projetos estão sob uma relação de encadeamento, o que significa que selecionar um deles vai resultar em alterações no aspecto dos outros projetos, especialmente se houver limitações de orçamento envolvidas. Entretanto os aspectos técnicos, que já não podiam de forma alguma ser negligenciados nesse tipo de decisão, mesmo com projetos mutuamente exclusivos ou independentes, passam a ser ainda mais importantes. Afinal, em muitas situações, uma aquisição de equipamentos só fará sentido se outras aquisições também forem realizadas. Um bom exemplo, dado por Souza e Clemente (2006), é o da aquisição de um trator e seus implementos. Dessa forma, será priorizada a combinação de projetos que possam levar aos melhores resultados financeiros para a empresa, sendo observada, evidentemente, a linha de restrição orçamentária da organização.

Hirschfeld (2000) faz uma importante observação a respeito disso: a **comparação** das oportunidades pode envolver equipamentos e investimentos. Quando a decisão envolver **equipamentos**, a ponderação se dará a respeito dos custos, prevalecendo aquela opção que exigir **menos custos**. Para outros **investimentos**, a análise será diferente e prevalecerá, assim, o investimento que oferecer **maior rentabilidade**.

Vamos conhecer os principais métodos pelos quais é possível comparar as opções de investimentos e decidir de forma adequada. Esses métodos são chamados de *determinísticos* pelo fato de que, conforme Rabenschlag (2005, p. 10), são "aplicados desconsiderando os riscos dos investimentos e [...] os dados de entrada são perfeitamente conhecidos".

Casarotto Filho e Kopittke (2000, p. 106) asseveram que os principais métodos de análise de investimentos são "equivalentes e, se bem aplicados, conduzem ao mesmo resultado, apenas que cada um se adapta melhor a determinado tipo de problema". Essa é uma informação importante para termos em mente, haja vista que, frequentemente, as escolhas passarão pela opção entre projetos ou oportunidades, com horizontes de tempo absolutamente distintos.

Assim, comecemos o estudo dos métodos de comparação pelo método do **VPL**.

## Perguntas & respostas

**Quais são as relações possíveis entre projetos que precisam ser comparados?**

Os projetos a serem comparados podem ser: mutuamente excludentes, ou seja, a escolha de um projeto elimina o outro: independentes, para os quais o único fator que poderia forçar a escolha é a restrição orçamentária; e dependentes, para os quais a realização de um dos projetos só se viabiliza pela realização do outro.

## 5.1 Método do valor presente líquido (VPL)

Conforme vimos no indicador de valor presente, no capítulo anterior, o **método do valor presente líquido (VPL)** se baseia na comparação entre fluxos diferentes ajustados para valores atuais, descontados pela taxa mínima de atratividade (TMA), e tem como **vantagem** a possibilidade de uma **decisão direta**. Se o VPL é maior que zero, podemos investir no projeto; do contrário, não. Além disso, todos os fluxos são parte integrante dos cálculos, inclusive os valores residuais, comuns no caso do investimento em equipamentos.

Por outro lado, há uma **desvantagem** nesse método: a **estimativa da taxa de juros** vai servir para descontar os fluxos a fim de torná-los valores presentes.

Um ponto importante sobre o método do VPL, apontado por Puccini (2011, p. 167), é que "o modelo pressupõe o reinvestimento automático das entradas de caixa geradas a uma taxa de juros igual à taxa de atratividade". Essa pressuposição indica um padrão de utilização do valor agregado pelos projetos em que este não é simplesmente destinado ao custeio ou ao capital de giro, ou mesmo distribuído sob a forma de dividendos, mas, sim, é reinvestido. No Brasil, há casos em que as empresas diminuem sua sustentabilidade justamente pela prática de **não reinvestir** os lucros.

> No Brasil, há casos em que as empresas diminuem sua sustentabilidade justamente pela prática de não reinvestir os lucros.

No entanto, Casarotto Filho e Kopittke (2000, p. 119) nos mostram que o presente método é mais prático para analisar projetos de investimento com prazos mais curtos ou que sejam "isolados, sem repetições". Em outras situações, o método do valor anual uniforme equivalente (VAUE) terá melhor aplicabilidade, ainda que seja possível adotar um artifício para ajustar a questão dos prazos diferentes, como veremos a seguir.

## Perguntas & respostas

### O que é o método do VPL?

É um método de comparação direto, em que se calcula o VPL dos diferentes projetos envolvidos. A dificuldade está na determinação da taxa que será utilizada para a descapitalização dos valores futuros para valores presentes.

### 5.1.1 Método VPL para séries perpétuas

Esta modalidade de cálculo do VPL, segundo Casarotto Filho e Kopittke (2000), é uma forma que ajuda quando a comparação se dá entre oportunidades com horizontes de tempo distintos. Isso implicaria a formulação de denominadores de tempo e a **repetição dos fluxos com menores horizontes de tempo**, para que haja a igualdade dos tempos. De acordo com a fórmula a seguir, calculamos o valor presente para uma série infinita com base nos dados disponíveis. A comparação passa a ser direta:

$$VPx = VP + (VP/i_n)$$

Essa fórmula faz uso do valor presente por duas vezes, considerando que o fluxo já tem um valor inicial, no marco zero da série. Além disso, o fator $i_n$ é representado por $(1 + i)^n$.

Vamos a um exemplo que mostra uma análise comparativa de opções pelo método do VPL.

## Exemplo 1

Duas alternativas de investimento foram oferecidas a uma empresa. Na primeira delas, o investimento é de R$ 110.000,00, com 8 fluxos anuais de retorno de R$ 20.000,00. Na segunda alternativa, são R$ 150.000,00, com 8 fluxos anuais de retorno de R$ 27.000,00.

Analisemos as alternativas, considerando uma taxa de 8% anuais:

110000 CHS g CFo

20000 g CFj

8 g Nj

8 i

f PV

**O VPL da primeira opção é de R$ 4.932,78.**

150000 CHS g CFo

27000 g CFj

8 g Nj

8 i

f PV

**O VPL da segunda opção é de R$ 5.159,25.**

Sendo assim, a segunda opção, pelo método do VPL, consiste na alternativa a ser adotada.

Uma vez que já entendemos como funciona o método VPL, inclusive para séries perpétuas, podemos avançar agora para o método da **TIR**.

## 5.2 Método da taxa interna de retorno (TIR)

No método de comparação pela **taxa interna de retorno (TIR)**, vale também o que já abordamos no indicador de mesmo nome, visto no capítulo anterior, ou seja, a comparação se dá pela análise da taxa que iguala o VPL de um projeto a zero (ponto de equilíbrio). Essa taxa, uma vez descoberta, precisa ser comparada à TMA. Eis aí a decisão de investir ou não.

Vamos utilizar o mesmo exemplo do tópico anterior, porém agora calcularemos a TIR de cada alternativa.

*Exemplo 2*

110000 CHS g CFo

20000 g CFj

8 g Nj

8 i

f FV

**A TIR da primeira opção é de 9,17%.**

150000 CHS g CFo

27000 g CFj

8 g Nj

8 i

f FV

**A TIR da segunda opção é de 8,90%.**

Assim, dessa vez, prevaleceria a primeira opção, o método da TIR, diferentemente do que ocorreu quando optamos pelo método do VPL. Esse tipo de divergência é comum, sendo normalmente decidida pelo método do VPL, ao considerarmos o valor absoluto mais elevado.

## Perguntas & respostas

### O que é o método da TIR?

É um método similar ao do VPL, ou seja, a comparação também é realizada de forma direta, com base nos indicadores de TIR obtidos para cada projeto, sendo esta a taxa que iguala o VPL a "zero", o que indica um dos pontos de equilíbrio dos projetos de investimento.

## 5.3 Método do valor anual uniforme equivalente (VAUE)

A análise, no **método do valor anual uniforme equivalente (VAUE)**, é feita com base numa série uniforme de valores para os fluxos negativos e positivos (custos e receitas) do projeto, de acordo com a TMA. Prevalecerá, evidentemente, a alternativa que oferecer o maior resultado.

Dessa forma, aplicando o fator financeiro do tipo (A/P; i; n), vamos encontrar um valor que concentra em si próprio a série uniforme inteira e serve como denominador comum para a comparação dos projetos.

## Exemplo 3

Suponha que uma empresa recebeu duas propostas para aquisição de equipamentos imprescindíveis à sua atividade, conforme se verifica a seguir:

- **Alternativa 1**: Investimento inicial de R$ 100 mil e 6 retornos anuais de R$ 30 mil.
- **Alternativa 2**: Investimento inicial de R$ 150 mil e 6 retornos anuais de R$ 50 mil.

Calcularemos o VAUE de cada alternativa considerando uma TMA de 15% anuais:

- VAUE 1: $-100.000 \cdot (A/P; 0,15; 6) + 30.000 =$

  $-100.000 \cdot 0,264237 + 30.000 =$

  **VAUE 1: $-26.423,70 + 30.000 = 3.576,30$**

- VAUE 2: $-150.000 \cdot (A/P; 0,15; 6) + 50.000 =$

  $-150.000 \cdot 0,264237 + 50.000 =$

  **VAUE 2: $-39.635,55 + 50.000 = 10.364,45$**

Logo, a julgar pelos resultados obtidos pelo cálculo do VAUE, a empresa deverá escolher a segunda alternativa, que proporciona o **melhor resultado**.

## Perguntas & respostas

**O que é o método do VAUE?**

Esse método compara os resultados dos projetos, que são obtidos com base na TMA aplicada aos fluxos de caixa dos investimentos, formando séries anuais uniformes que serão sintetizadas em um denominador comum, o valor anual uniforme equivalente (VAUE).

### 5.3.1 Análise incremental (Ponto de Fisher)

A **análise incremental**, segundo Nascimento (2010), é o que resulta da subtração dos fluxos de caixa dos projetos analisados. Essa análise é importante porque, quando uma organização dispõe de um orçamento para investimentos e opta por um ou mais projetos que não utilizam todo esse valor, o restante pode ser aplicado no mercado financeiro, e essa rentabilidade será incorporada, ainda que de forma não operacional. Isso nos remete ao conceito do custo médio ponderado de capital.

Nesse momento surge a necessidade de comparar o retorno ponderado do investimento do projeto e do valor aplicado no mercado financeiro com a alternativa de projeto que utilize todo o recurso disponível. O mesmo se aplica, em sentido inverso, se a opção for por um projeto que, além do valor disponível, requeira aportes adicionais de recursos de terceiros. Sendo assim, é preciso avaliar o custo médio ponderado de capital ante as demais alternativas.

Em suma, essa análise nada mais é do que o Ponto de Fisher, visto no Capítulo 4.

## 5.4 Índice de lucratividade (IL)

O **índice de lucratividade (IL)** é um indicador obtido pela razão (divisão) do VPL dos fluxos de caixa de retorno pelo VPL dos fluxos de caixa dos investimentos no projeto, o que significa um denominador comum para projetos com valor de investimentos diferentes. Esse indicador diz quanto de VPL será obtido para cada unidade monetária despendida no momento do investimento, sendo assim é um indicador de **eficiência**.

Se o resultado da razão citada anteriormente for inferior a 1, o projeto deve ser sumariamente descartado.

## Exemplo 4

Considerando os mesmos valores dados no exemplo em que calculamos o VAUE para duas alternativas de investimento diferentes, vamos calcular o índice de lucratividade (IL) de cada alternativa:

- **Alternativa 1**: Investimento inicial de R$ 100 mil e 6 retornos anuais de R$ 30 mil.
- **Alternativa 2**: Investimento inicial de R$ 150 mil e 6 retornos anuais de R$ 50 mil.

Consideraremos, assim como antes, uma TMA de 15% anuais.

Aplicando a fórmula de VPL a cada um dos 6 fluxos anuais de retorno, na primeira alternativa, e somando-os, teremos o valor de R$ 113.534,48; para o investimento, o VPL é o seu próprio valor no "tempo zero", ou seja, R$ 100.000. Logo:

**IL1 = 113.534,48 / 100.000,00 = 1,14**

Aplicando a fórmula de VPL a cada um dos 6 fluxos anuais de retorno, na segunda alternativa, e somando-os, teremos o valor de R$ 189.224,13; para o investimento, o VPL é o seu próprio valor no "tempo zero", ou seja, R$ 150.000. Logo:

**IL2 = 189.224,13 / 150.000,00 = 1,126**

Além dos métodos aqui apresentados, que são os principais e mais comumente utilizados, há outros não abordados nesta obra, denominados *métodos probabilísticos*, os quais vão mais além. Os métodos *determinísticos*, como o próprio nome diz, necessitam que todas as variáveis sejam **conhecidas** para proporcionar resultados.

## Perguntas & respostas

**O que é o índice de lucratividade?**

É um indicador que mede a capacidade de geração de valor de cada projeto, com base no quociente obtido entre o VPL dos retornos do investimento e o VPL dos valores a serem investidos em cada projeto, sendo, portanto, um indicador de eficiência do capital.

---

Por fim, devemos ponderar um pouco mais a respeito da importância desse processo decisório. Se for aplicado a uma empresa do setor **privado**, seu objetivo precípuo será o de **maximizar os lucros** e **viabilizar sua continuidade**, conforme já abordamos antes. Se o projeto atender a um ente do **setor público**, o objetivo será parecido – **maximizar os resultados** –, mas com a importante repercussão de **maximizar também a eficiência dos recursos públicos**, proporcionando à sociedade o devido e desejado retorno pelos recursos disponibilizados ao Estado.

## *Exercícios resolvidos*

1. Leia as sentenças a seguir e assinale a alternativa que apresenta a resposta correta:
    I. A escolha entre projetos independentes se dá, basicamente, pelo orçamento disponível para investimentos.
    II. O índice de lucratividade (IL) é uma medida de eficiência do capital na qual é analisado o risco envolvido em cada investimento.
    III. O método VPL para séries perpétuas ajuda a realizar a comparação entre séries com horizontes de tempo distintos.

IV. Os métodos de VPL, TIR, VAUE e IL são métodos probabilísticos.

V. No método VAUE, a análise decorre de uma série anual de valores uniformes, obtidos com a taxa mínima de atratividade (TMA).

a) **As sentenças I, III e V estão corretas.**
b) Apenas a sentença IV está correta.
c) As sentenças I, II, III e V estão corretas.
d) Todas as sentenças estão corretas.
e) Nenhuma das alternativas anteriores está correta.

2. Assinale a alternativa que contém informações **incorretas**:

a) Os projetos independentes entre si têm como fator de exclusão somente a restrição orçamentária.
b) O índice de lucratividade (IL) é um indicador de eficiência que aponta quanto de valor é adicionado para cada unidade monetária investida.
c) **O método de comparação pelo VPL não é um método direto, apesar de ser fácil definir a taxa de juros envolvida nos cálculos.**
d) O método de comparação via VPL é aquele que costuma ser recomendado no caso de projetos mutuamente excludentes.
e) No método de comparação pela TIR, não basta encontrar a TIR de cada projeto; é preciso também comparar com a TMA.

3. Entre as duas alternativas descritas a seguir, indique qual delas deveria ser aceita conforme o método de comparação do VPL:

- **Alternativa 1**: Investimento de R$ 200 mil, 5 retornos anuais de R$ 60 mil.
- **Alternativa 2**: Investimento de R$ 170 mil, 5 retornos anuais de R$ 55 mil.

Para ambas, considere a taxa de juros como 9,5% anuais.

200000 CHS g CFo

60000 g CFj

5 g Nj

9,5 i

f PV

**O VPL da primeira opção é de R$ 30.382,53.**

170000 CHS g CFo

55000 g CFj

5 g Nj

9,5 i

f PV

**O VPL da segunda opção é de R$ 41.183,98.**

4. Considerando as mesmas alternativas da questão anterior, indique novamente qual delas deveria ser aceita, baseando-se agora no método de comparação da TIR:

200000 CHS g CFo

60000 g CFj

5 g Nj

9,5 i

f FV

**A TIR da primeira opção é de 15,24%.**

170000 CHS g CFo

55000 g CFj

5 g Nj

9,5 i

f FV

**A TIR da segunda opção é de 18,52%.**

5. Analise as duas opções de projetos de investimento de uma determinada empresa e calcule o VPL, a TIR e o VAUE:
   - **Alternativa 1**: Investimento inicial de R$ 300 mil e 9 retornos anuais de R$ 60 mil.
   - **Alternativa 2**: Investimento inicial de R$ 400 mil e 9 retornos anuais de R$ 75 mil.

   Considere uma TMA de 9,5% anuais.

   300000 CHS g CFo

   60000 g CFj

   9 g Nj

   9,5 i

   f PV

   **O VPL da primeira opção é de R$ 52.517,03.**

   400000 CHS g CFo

   75000 g CFj

   9 g Nj

   9,5 i

   f PV

   **O VPL da segunda opção é de R$ 40.646,29.**

   300000 CHS g CFo

   60000 g CFj

   9 g Nj

   9,5 i

   f FV

   **A TIR da primeira opção é de 13,70%.**

   400000 CHS g CFo

   75000 g CFj

   9 g Nj

   9,5 i

   f FV

   **A TIR da segunda opção é de 11,97%.**

- VAUE 1: $-300.000 \cdot (A/P; 0,095; 9) + 60.000 =$

  $-300.000 \cdot 0,170205 + 60.000 \rightarrow$

  **VAUE 1: $-51.061,50 + 60.000 = 8.938,50$.**

- VAUE 2: $-400.000 \cdot (A/P; 0,095; 9) + 75.000 =$

  $-450.000 \cdot 0,170205 + 75.000 \rightarrow$

  **VAUE 2: $-76.592,25 + 75.000 = -1.592,25$.**

# Fontes de financiamento dos projetos de investimento

6

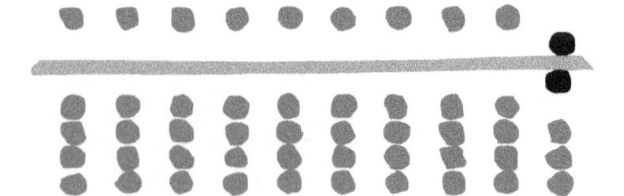

**Conteúdos do capítulo:**

- Relação entre remuneração do capital e viabilidade do projeto.
- Capital de terceiros e capital próprio.
- Conceito do custo médio ponderado de capital.

Apresentaremos, neste capítulo, as **fontes de financiamento** de recursos que viabilizam a consecução dos projetos. Além disso, faremos um aprofundamento do conceito de **custo médio ponderado do capital**, que é fundamental para essa mesma viabilidade, buscando mostrar a diferença entre os recursos que viabilizam investimentos e os de capital de giro.

Conforme vimos em capítulos anteriores, a **viabilidade** de um projeto de investimento passa fortemente pelos seus indicadores econômico-financeiros, sendo que um deles é o custo de remuneração dos capitais envolvidos, sempre em uma relação inversamente proporcional. Ou seja, quanto maior o custo dos capitais, menor a viabilidade do projeto, e vice-versa.

Confira o gráfico a seguir.

Gráfico 6.1 – Relação entre viabilidade de projetos e custo do capital

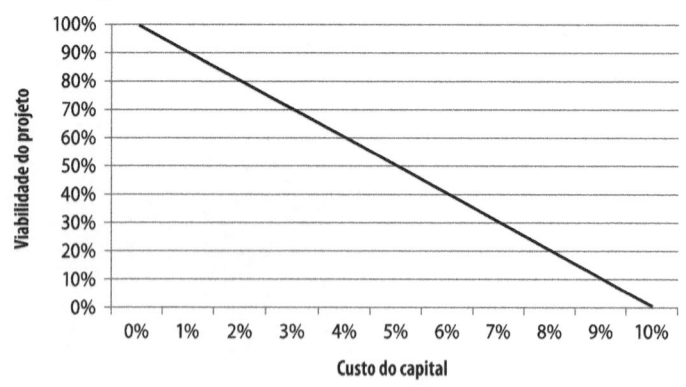

[Gráfico: eixo Y "Viabilidade do projeto" de 0% a 100%; eixo X "Custo do capital" de 0% a 10%; linha reta decrescente de (0%, 100%) até (10%, 0%).]

O motivo dessa relação **inversamente proporcional** é que quanto maior o custo do capital, maior é o retorno que o projeto tem de apresentar. Quanto maior o retorno mínimo necessário, menor a probabilidade de consegui-lo.

Sendo assim, há duas origens para a obtenção do custo do capital empreendido. Cada uma delas tem seus parâmetros de remuneração e de captação por parte das empresas, conforme veremos neste capítulo.

## Perguntas & respostas

### Qual a relação entre remuneração do capital e viabilidade do projeto?

A relação que existe entre essas duas grandezas é inversamente proporcional. Quanto maior for a taxa de remuneração do capital, menor será a viabilidade do projeto, pois a taxa interna de retorno (TIR) a ser obtida também terá de acompanhar essa evolução, e vice-versa. Logo, se a taxa de remuneração do capital é menor, as chances de êxito do projeto aumentam na mesma proporção.

## 6.1 Capitais de terceiros

**Capitais de terceiros** são recursos que provêm de fontes que **não são os aportes dos sócios ou dos acionistas** da empresa. Nesse caso, isso nos remete mais fortemente aos bancos, os quais, em sua missão de intermediação financeira, recebem juros maiores do que os pagos aos seus clientes poupadores, diferença conhecida como *spread*.

Os **financiamentos** (recursos de terceiros ou créditos com destinação específica) ou **empréstimos** (recursos de terceiros ou créditos sem destinação específica para o crédito) são chamados contabilmente de *passivos exigíveis*; ou seja, eles são pagos com juros aos credores (bancos, instituições financeiras e fornecedores que venderam a prazo) nas datas determinadas, diferentemente dos capitais próprios, conforme veremos a seguir.

Como esse tipo de capital tem uma exigibilidade, que tanto pode ser de curto prazo (normalmente para cobrir a necessidade de capital de giro) quanto de longo prazo (normalmente para financiar investimentos), os recursos de terceiros requerem um cuidado extra, por conta de todas as implicações legais (ações judiciais por inadimplência) e de imagem envolvidas.

---

## Perguntas & respostas

### O que são capitais de terceiros?

Entre os capitais que financiam a execução de um projeto de investimento, os capitais de terceiros são aqueles exigíveis, com pagamento de juros e que decorrem normalmente de operações de crédito. A taxa de juros a ser paga é um dos componentes do custo médio ponderado do capital dos projetos de investimento.

---

## 6.2 Capitais próprios

**Capitais próprios** são capitais que, ao contrário dos recursos de terceiros – ou exigíveis –, provêm exatamente dos **aportes dos sócios** das empresas. No caso das empresas de capital aberto, com ações negociadas em bolsa de valores, são recursos obtidos com as ofertas iniciais de ações, chamadas IPO (do inglês *Initial Public Offers*). Mais precisamente, são o processo de abertura – ou *disclosure* – do capital, no qual os sócios da então empresa de capital fechado – ou limitada – deixam de ter 100% do capital e passam a dividi-lo com outros investidores (acionistas) ou, ainda, quando lançam novas ações no mercado.

Esses recursos, por não serem Passivos exigíveis, são incorporados ao Patrimônio Líquido das empresas, isto é, à parte do Balanço Patrimonial resultante da subtração dos Ativos (bens e direitos, inclusive adquiridos com recursos de terceiros) em relação aos Passivos (dívidas).

O fato de os recursos próprios não estarem submetidos à exigibilidade dos passivos contábeis não pressupõe que sejam recursos que não precisam ser remunerados ou cuja aplicação ineficiente não traga consequências. Como tais recursos são oriundos de aportes dos sócios ou acionistas, estes poderão mudar os executivos e gestores em função disso – ou, em casos extremos, até mesmo encerrar as atividades da empresa.

## Perguntas & respostas

**O que são capitais próprios?**

São recursos que provêm dos donos ou dos acionistas da empresa para os quais há também uma expectativa de remuneração, apesar de comumente haver quem pense o contrário. A taxa de remuneração esperada normalmente é representada por algum dos *benchmarkings* do mercado financeiro (poupança, Selic, CDI etc.).

## 6.3 Recursos financeiros para investimentos e capital de giro

As necessidades de **recursos** das empresas são basicamente para **investimentos** e **capital de giro**. Como vimos antes, um investimento é um aporte de recursos aplicado em máquinas, equipamentos e outros bens de capital que aumentem a capacidade de produzir das empresas. O capital de giro é o recurso financeiro que faz com que o investimento possa se manter operando, ou seja, que os retornos dos investimentos apareçam. São, portanto, recursos de **custeio**.

Sendo assim, os recursos exigíveis que financiam investimentos não podem ter as mesmas condições (taxas, prazo, garantias etc.) dos recursos exigíveis que financiam o capital de giro ou as operações das empresas. O motivo disso é que são necessidades creditícias com naturezas bastante diferentes.

Para ambos – investimento e capital de giro –, é possível utilizar recursos próprios, ou seja, recursos captados com os sócios (atuais e novos) e/ou acionistas, por meio de aportes ou de subscrição de ações. Como já vimos, a diferença reside nos recursos exigíveis, que, no caso de investimentos, dá-se por meio de **linhas de crédito de instituições financeiras com taxas menos elevadas e prazos mais alongados**, ou, ainda, pelo lançamento de debêntures, que são títulos das dívidas adquiridos por investidores em busca de juros atrativos para remunerar seu capital excedente. As debêntures podem ou não se converter em participação no capital social ou no Patrimônio Líquido das empresas.

Outra possibilidade de financiar investimentos, e que está ganhando cada vez mais espaço, é o chamado *crowdfunding*, que consiste em uma captação de recursos do público em geral para a empresa, seja sob a forma de doações, seja pelo fornecimento antecipado do produto a ser produzido para esse mesmo público participante. A vantagem do *crowdfunding* é que os recursos não são exigíveis, sendo, portanto, incorporados diretamente ao Patrimônio Líquido. Há, inclusive, plataformas na internet que se dedicam a essa modalidade de captação de recursos.

Para o capital de giro, existem também linhas de crédito de instituições financeiras com essa finalidade, normalmente com taxas de juros mais elevadas que as linhas de crédito para investimento, bem como com prazos mais curtos, de acordo com a natureza dessa necessidade financeira, conforme vimos anteriormente.

Outra possibilidade de captar recursos para financiar o capital de giro é a aquisição, com pagamentos a prazo, das matérias-primas a serem transformadas ou das mercadorias a serem comercializadas. Na prática, trata-se de uma "linha de crédito" que os fornecedores concedem aos clientes que eles consideram confiáveis o suficiente para isso.

## 6.4 Custo médio ponderado do capital

Depois de apresentarmos as fontes de origem dos recursos e as aplicações dos recursos que são captados para o financiamento dos projetos de investimento e também de capital de giro, vamos agora calcular o **custo médio ponderado do capital**. Ele se aplica quando os recursos utilizados provêm de diferentes fontes, com diferentes remunerações.

Como você pode ver a seguir, trata-se, fundamentalmente, de um cálculo de média ponderada no qual, como em qualquer cálculo dessa natureza, os recursos que forem utilizados em maior quantidade influenciarão mais na formação do custo médio ponderado – que, em inglês, é denominado *weighted average capital cost* (WACC). A fórmula é:

$$WACC = iE \cdot \left(\frac{E}{D+E}\right) + iD \cdot \left(\frac{E}{D+E}\right)$$

Em que:
- **WACC** = Custo médio ponderado do capital.
- **iE** = Taxa de remuneração do capital próprio.
- **iD** = Taxa de juros dos recursos exigíveis.
- **E** = Volume de recursos próprios.
- **D** = Volume de recursos exigíveis, que pode se dividir, dependendo do número de fontes dos recursos exigíveis.

## Exemplo 1

Vamos a um exemplo que demonstra de forma mais didática essa fórmula, no qual calcularemos o WACC de um investimento a ser realizado por uma empresa com os seguintes dados:

- Recursos próprios: R$ 100.000,00.
- Recursos exigíveis (fonte 1): R$ 100.000,00.
- Recursos exigíveis (fonte 2): R$ 150.000,00.
- Taxa de remuneração do capital próprio: 5% a.a.
- Taxa de juros (fonte 1): 7% a.a.
- Taxa de juros (fonte 2): 8% a.a.

A primeira coisa a ser feita é verificar qual é o volume total de recursos envolvidos no projeto de investimento. Portanto, são R$ 350.000,00 (R$ 100.000,00 de recursos próprios + R$ 100.000,00 de recursos exigíveis da fonte 1 + R$ 150.000,00 de recursos exigíveis da fonte 2).

Desse montante de R$ 350.000,00, calcularemos quanto cada recurso pesa nesse total; ou seja, os R$ 100.000,00 de recursos próprios são 28,57% do total, assim como os R$ 100.000,00 da fonte 1. Os R$ 150.000,00 da fonte 2 representam 42,86% do total. Logo, 28,57% + 28,57% + 42,86% = 100%, evidentemente.

Agora que já conhecemos o volume total de recursos envolvidos, bem como qual é a participação de cada fonte para o montante total, basta aplicarmos a fórmula:

$$WACC = 0{,}05 \cdot \left(\frac{100.000}{350.000}\right) + 0{,}07 \cdot \left(\frac{100.000}{350.000}\right) + 0{,}08 \cdot \left(\frac{150.000}{350.000}\right) \to$$

$$WACC = 0{,}014286 + 0{,}02 + 0{,}034286 \to$$

$$WACC = 0{,}068571 \text{ ou } 6{,}86\% \text{ a.a.}$$

Uma questão que provavelmente vai surgir é: Como calcular a taxa de remuneração do capital próprio? Quando falamos dos juros de um financiamento ou empréstimo é mais fácil, haja vista que essa taxa já foi determinada pelo credor e está descrita nos contratos. Porém, no caso do custo do capital próprio, ou não exigível, podemos tomar por referência alguma das taxas (caderneta de poupança, por exemplo) que signifiquem o custo de oportunidade.

A taxa mais comumente utilizada é a Taxa de Juros de Longo Prazo (TJLP), que, conforme Sandroni (2008, p. 469), é "calculada a partir da rentabilidade média nominal, em moeda nacional, verificada no período imediatamente anterior a sua vigência, dos títulos da dívida pública interna e externa, livremente negociados". Além disso, a TJLP tem vigência trimestral, ainda que seja expressa para períodos anuais, e baliza os financiamentos concedidos pelo Banco Nacional de Desenvolvimento Econômico e Social (BNDES).

## Perguntas & respostas

### O que é o custo médio ponderado do capital?

É a taxa de remuneração dos capitais que financiarão um projeto de investimento, a qual é obtida via cálculo da média ponderada entre os recursos de terceiros e os recursos próprios. Assim, é interessante que os recursos com menores taxas de remuneração, obviamente, tenham o maior peso possível na formação desse *mix*.

Entretanto, uma das formas mais **exatas** de avaliar esse custo – e também das mais **trabalhosas** – é por meio da fórmula que apresentamos a seguir, com os elementos que, de fato, determinam essa taxa de remuneração. Chamamos essa fórmula de *Capital Asset Pricing Model* (CAPM) – em português, **modelo de precificação de ativos financeiros:**

$$Re = Rf + \beta \cdot (Rm - Rf)$$

**Em que:**
- **Re**: Custo do capital próprio.
- **Rf**: Retorno do ativo livre de risco.
- **β**: Coeficiente beta, que mede a correlação entre o capital próprio e a carteira de mercado.
- **Rm**: Retorno da carteira de mercado.

Mesmo assim, ainda há **duas importantes dificuldades** para calcular o CAPM:

1. Essa fórmula se aplica mais adequadamente a empresas de capital aberto, justamente pela necessidade do coeficiente beta, que é uma medida de sensibilidade de um ativo perante outros da mesma classe.

2. O cálculo do coeficiente beta em si exige o uso de métodos de regressões lineares entre a ação da empresa considerada e as ações do setor de mercado dessa mesma empresa de forma geral.

Essa explicação deixa bem claro que, ao contrário do que podemos supor, o custo do capital próprio **não é** o custo de oportunidade – ainda que, para efeito de simplificação da análise, possa até ser considerado dessa maneira. Pior ainda é considerá-lo como "zero", já que podemos também supor isso, por se tratar de um recurso não exigível. Isso é completamente equivocado, ainda mais se estivermos falando de empresas de capital aberto, com acionistas que investem seus recursos nas ações dessas empresas e têm uma evidente expectativa de rentabilidade dos capitais.

## Perguntas & respostas

**O que é CAPM?**

É o chamado *Capital Asset Price Management* (CAPM), o método mais comum para cálculo do custo do capital próprio, sendo mais propício para empresas de capital aberto, haja vista a necessidade de um indicador beta, que é uma correlação entre ações.

---

Neste capítulo, tivemos a oportunidade de conhecer quais são as possíveis origens dos capitais que financiam projetos de investimento e seus custos, as quais formam um dos parâmetros para a análise de viabilidade econômico-financeira.

## *Exercícios resolvidos*

1. Calcule o custo médio ponderado do capital para um investimento total de R$ 100.000,00, dentre os quais R$ 30.000,00 serão financiados a uma taxa anual de 7%, e os R$ 70.000,00 restantes serão aportados pelos empresários, com taxa de retorno calculada em 8,5% anuais:

   Custo do capital de terceiros: 0,07 · (30.000/100.000) = 0,021
   Custo do capital próprio: 0,085 · (70.000/100.000) = 0,06
   **WACC = 0,021 + 0,06 = 0,081 ou 8,1% anuais**

2. Uma empresa precisa adquirir um equipamento que custa R$ 100.000,00, mas dispõe de apenas R$ 40.000,00, que os empresários aportaram com expectativa de retorno de 5% anuais. A empresa pretende financiar os R$ 60.000,00 restantes, mas com uma taxa de juros que mantenha o custo médio ponderado inferior a 7,5% anuais. Qual seria a taxa de juros máxima do capital de terceiros?

   Custo do capital próprio: 0,05 · (40.000/100.000) = 0,02

O WACC pretendido é de, no máximo, 7,5% a.a., ou 0,075. Como 0,02 já são resultantes do custo do capital próprio, logo, o custo do capital de terceiros será de 0,075 − 0,02 = 0,055.

Custo do capital de terceiros: Y · (60.000/100.000) = 0,055 →
Custo do capital de terceiros: Y · 0,6 = 0,055 →
Custo do capital de terceiros: Y = 0,055/0,6 →
**Custo do capital de terceiros: 0,091667 ou 9,17% anuais**

3. O departamento financeiro de uma empresa precisa estimar o custo de capital próprio para calcular o custo médio ponderado de um determinado investimento. As informações disponíveis são: Retorno do ativo livre de risco = 3,5%; Coeficiente Beta = 0,6; Retorno da carteira de mercado = 6,5%.

$$Re = 0,035 + 0,6 \cdot (0,065 - 0,035) \rightarrow$$
$$Re = 0,035 + 0,6 \cdot 0,03 \rightarrow$$
$$Re = 0,035 + 0,018 \rightarrow$$
$$\mathbf{Re = 0,053 \text{ ou } 5,3\%}$$

4. Leia as sentenças apresentadas a seguir e assinale as duas que estão formuladas corretamente:
   a) **As chamadas *Ofertas Públicas Iniciais* são uma fonte de recursos próprios que financia investimentos das empresas de capital aberto.**
   b) Os recursos de terceiros não são exigíveis, ou não são passíveis de cobrança de juros.
   c) Para definir o custo do capital próprio, basta utilizar como referência algum *benchmarking*, como poupança, CDI ou Selic.
   d) Os recursos do capital próprio da empresa, mesmo não sendo exigíveis, não podem ser incorporados ao Patrimônio Líquido.

e) Há uma relação inversamente proporcional entre o custo do capital e a viabilidade dos projetos de investimento.
f) Calcular o custo do capital próprio via método CAPM é um procedimento que requer dados facilmente obtidos.

5. Assinale a alternativa que descreve a modalidade de captação de recursos denominada *crowdfunding*:
   a) Modalidade de captação de recursos de bancos com juros subsidiados.
   b) **Recursos captados via plataformas especializadas na internet, por meio das quais os interessados fazem as doações.**
   c) Captação de recursos baseada no VPL e na TIR dos projetos de investimento.
   d) É quando os recursos a serem aportados são definidos pela *payback* do projeto.
   e) É quando os governos federal e estaduais investem diretamente nas empresas.

# Análise de sensibilidade de projetos 7

**Conteúdos do capítulo:**

- Conceito de análise de sensibilidade.
- Variáveis da análise de sensibilidade.
- Cenários da análise de sensibilidade.

Neste capítulo, apresentaremos um conceito fundamental da engenharia econômica, que é a **análise de sensibilidade dos projetos de investimento**. Analisaremos sua função e sua importância como procedimento preventivo – ou de planejamento –, que minimiza riscos e potencializa a viabilidade econômico-financeira, já que se propõe a evitar riscos.

Toda e qualquer decisão econômica que tomamos significa, inevitavelmente, algum nível de risco. Por mais bem estruturado e cuidadoso que seja o processo de tomada de decisão, sempre persistirá algum nível de imprecisão, o que torna possível a ocorrência de diferentes **cenários** e diferentes **resultados** (tanto **favoráveis** quanto **desfavoráveis**), que se modificam na medida em que são alteradas as variáveis envolvidas nessas mesmas decisões – o que, no nosso caso, aplica-se aos projetos de investimento.

> *Por mais bem estruturado e cuidadoso que seja o processo de tomada de decisão, sempre persistirá algum nível de imprecisão, o que torna possível a ocorrência de diferentes cenários e diferentes resultados (tanto favoráveis quanto desfavoráveis).*

## 7.1 O que é análise de sensibilidade?

A análise dos **impactos** provocados pelas alterações das variáveis no resultado final dos projetos de investimento é denominada *análise de sensibilidade*. Conforme a definição de Hirschfeld (2000, p. 386),

> tem por finalidade auxiliar a tomada de decisão, ao se examinarem eventuais alterações de valores, como do valor presente líquido, do valor uniforme líquido, do valor futuro líquido ou de qualquer outro valor representativo de um fluxo de caixa, produzidas por variações nos valores dos parâmetros componentes.

É considerada uma *decisão sensível* aquela na qual o impacto no resultado final do projeto é significativo, mesmo quanto a pequenas alterações nas variáveis postas em análise. Os cenários positivos e negativos, que precisam ser propostos para cada decisão, podem ser delineados com base nas alterações em apenas uma variável, mas também em duas ou mais delas simultaneamente, criando assim diferentes configurações.

Dessa forma, um dos aspectos mais importantes a evidenciar é que essa análise tem, fundamentalmente, **caráter preventivo** e visa cobrir o maior número possível de cenários e probabilidades, dando ao empresário – ou a quem está imbuído das decisões financeiras – um nível maior de confiabilidade e de precisão às suas decisões relacionadas a projetos de investimento. Além disso, permitirá que medidas alternativas possam ser adotadas tempestivamente, caso o cenário principal – ou, teoricamente, mais provável – não se concretize, tendo em vista que esse conjunto de informações permite também conhecer as variáveis que merecem maiores cuidados.

# Perguntas & respostas

**O que é análise de sensibilidade?**

É um método preventivo pelo qual é possível criar cenários para que as variações nos fatores que envolvam um projeto de investimento sejam razoavelmente previstas e, caso ocorram cenários que não sejam realistas, permitam a adoção de medidas diferenciadas a quem tem o poder decisório.

A variedade de configurações possíveis para as variáveis sensíveis em uma análise de sensibilidade resulta em um número normalmente ímpar de cenários – **otimistas, mais prováveis** (ou **realistas**) e **pessimistas** –, para os quais podem ser atribuídas probabilidades de ocorrência.

## 7.2 Análise de sensibilidade na prática

Agora que você já tem uma noção preliminar consolidada a respeito do que é uma **análise de sensibilidade**, vamos analisar um pouco mais esse procedimento **na prática**, com variáveis previamente definidas – no caso, VPL e *payback* –, construindo cenários que ajudem a compreender como as alterações de uma variável interfere nos resultados das demais variáveis, sendo essa a finalidade de uma análise de sensibilidade.

Confira o exemplo a seguir.

### *Exemplo 1*

Uma empresa será implantada em uma zona industrial, cujo investimento total (máquinas, mobiliário, caminhões para entrega etc.) será da ordem de R$ 1 milhão. Consideremos que a taxa utilizada para avaliação foi de 10% a.a. e que o investimento vai trazer 10 fluxos positivos subsequentes no valor de R$ 162.745,39. Dessa forma, vamos adaptar aquele fluxo de caixa que conhecemos, com as setas, para uma planilha, conforme vemos a seguir. Ressaltamos que os retornos reais são os fluxos positivos trazidos a valor presente, ou seja, são os VPLs.

Tabela 7.1 – Retornos nominais e retornos reais de um investimento

| Período | Investimentos (R$) | Retornos nominais (R$) | Retornos reais (R$) |
|---|---|---|---|
| 0 | −1.000.000,00 | 0,00 | 0,00 |
| 1 | 0,00 | 162.745,39 | 147.950,35 |
| 2 | 0,00 | 162.745,39 | 134.500,32 |
| 3 | 0,00 | 162.745,39 | 122.273,02 |
| 4 | 0,00 | 162.745,39 | 111.157,29 |
| 5 | 0,00 | 162.745,39 | 101.052,08 |
| 6 | 0,00 | 162.745,39 | 91.865,53 |
| 7 | 0,00 | 162.745,39 | 83.514,52 |
| 8 | 0,00 | 162.745,39 | 75.921,53 |
| 9 | 0,00 | 162.745,39 | 69.019,93 |
| 10 | 0,00 | 162.745,39 | 62.745,39 |
| Total | −1.000.000,00 | 1.627.435,90 | 999.999,96 |

Podemos observar que, trazidos os fluxos positivos a valor presente e diminuídos do investimento inicial, o VPL do projeto com essa taxa de juros será de R$ 0,04 – ou seja, praticamente "zero". Assim, conforme a fórmula que pudemos ver no Capítulo 5, temos neste exemplo um **payback simples de 6,1 anos** e um **payback descontado de 10 anos**.

Para sensibilizar esse projeto, a empresa precisa criar dois outros cenários, nos quais a taxa de juros passe a ser *pessimista*, indo a 15% a.a., e *otimista*, caindo a 5% a.a. A empresa já fez as análises e identificou que, em ambas as situações, os 10 retornos positivos seriam de R$ 105.784,50 e R$ 195.294,47, respectivamente. Logo, vamos precisar repetir o primeiro quadro com as taxas de juros novas, ou projetadas como pessimista e otimista, conforme podemos notar nas Tabelas 7.2 e 7.3.

Tabela 7.2 – Exemplo de cenário pessimista

| | Cenário pessimista: 15% anuais | | |
|---|---|---|---|
| Período | Investimentos (R$) | Retornos nominais (R$) | Retornos reais (R$) |
| 0 | –1.000.000,00 | 0,00 | 0,00 |
| 1 | 0,00 | 105.784,50 | 91.986,52 |
| 2 | 0,00 | 105.784,50 | 79.988,28 |
| 3 | 0,00 | 105.784,50 | 69.555,03 |
| 4 | 0,00 | 105.784,50 | 60.482,63 |
| 5 | 0,00 | 105.784,50 | 52.593,59 |
| 6 | 0,00 | 105.784,50 | 45.733,56 |
| 7 | 0,00 | 105.784,50 | 39.768,31 |
| 8 | 0,00 | 105.784,50 | 34.581,14 |
| 9 | 0,00 | 105.784,50 | 30.070,56 |
| 10 | 0,00 | 105.784,50 | 26.148,31 |
| Total | –1.000.000,00 | 1.057.845,00 | 530.907,93 |

Tabela 7.3 – Exemplo de cenário otimista

| | Cenário otimista: 5% anuais | | |
|---|---|---|---|
| Período | Investimentos (R$) | Retornos nominais (R$) | Retornos reais (R$) |
| 0 | –1.000.000,00 | 0,00 | 0,00 |
| 1 | 0,00 | 195.294,47 | 185.994,73 |
| 2 | 0,00 | 195.294,47 | 177.137,84 |
| 3 | 0,00 | 195.294,47 | 168.702,71 |
| 4 | 0,00 | 195.294,47 | 160.669,24 |
| 5 | 0,00 | 195.294,47 | 153.018,33 |
| 6 | 0,00 | 195.294,47 | 145.731,74 |
| 7 | 0,00 | 195.294,47 | 138.792,13 |
| 8 | 0,00 | 195.294,47 | 132.182,98 |
| 9 | 0,00 | 195.294,47 | 125.888,56 |
| 10 | 0,00 | 195.294,47 | 119.893,86 |
| Total | –1.000.000,00 | 1.952.944,70 | 1.508.012,13 |

Para os dois cenários, obtivemos novos VPLs e novos *paybacks* descontados. Assim, lançando os dados obtidos em outra planilha, com os resultados de cada cenário, vamos obter o comparativo demonstrado na Tabela 7.4.

Tabela 7.4 – Comparativo dos cenários possíveis

| Cenário | Taxa de desconto | VPL (R$) | Payback descontado |
|---|---|---|---|
| Pessimista | 15% a.a. | −462.092,07 | Mais de 10 anos |
| Previsto | 10% a.a. | 0,04 | 10 anos |
| Otimista | 5% a.a. | 508.012,13 | 6 anos e 1 mês |

A análise que podemos fazer aqui é a de que a empresa em questão precisa de uma taxa de desconto que não ultrapasse 10% anuais, sob pena de VPLs inferiores a "zero" e *paybacks* superiores ao prazo de 10 anos. Pela própria dinâmica dos indicadores da engenharia econômica, já sabíamos que quanto maior a taxa de desconto, menor o VPL e maior o *payback*, de forma que esse exemplo é principalmente didático e ilustra bem como as oscilações em uma variável de análise sensibilizam as outras variáveis.

## Perguntas & respostas

### O que são variáveis?

São os elementos componentes da análise de sensibilidade que serão testados, ou seja, projetados em diferentes situações, a fim de que analisemos quais são as implicações para os projetos mediante suas variações, de forma que seja possível inclusive categorizar a importância de cada variável dentro da análise.

É claro que, na realidade, as situações são mais complexas, apresentam mais variáveis envolvidas e, portanto, produzem um número bem maior de possibilidades. De fato, é preciso mesmo estabelecer números maiores de cenários porque, no caso de taxas de juros, por exemplo, as variações serão de décimos de porcentagem e será preciso combinar ajustes em mais de uma variável (custos fixos, preços unitários de venda, volumes de venda, custo do capital etc.) para alcançar alternativas que atendam às demandas empresariais. Hayes (2004) cita a definição de premissas como o passo inicial para a análise de sensibilidade, isto é, a escolha criteriosa das variáveis é que vai definir se a análise de sensibilidade será, de fato, um fator preventivo a cenários desfavoráveis.

A partir desse ponto, passa a ser importante uma esquematização do tipo **análise combinatória**. Nela se calculam, por exemplo, duas alternativas para a primeira variável, que levem cada uma a outras duas alternativas, em 4 níveis ou variáveis diferentes, totalizando 16 possibilidades de cenários ($2^4 = 16$).

> A escolha criteriosa das variáveis é que vai definir se a análise de sensibilidade será, de fato, um fator preventivo a cenários desfavoráveis.

## Perguntas & respostas

### O que são cenários?

São as diferentes configurações de variáveis ou fatores que podem se formar com base nas decisões ou nas alterações dos aspectos econômicos. Os cenários podem ser **realistas**, quando aquilo que foi previsto ocorre majoritariamente; **pessimistas**, quando a realidade se mostra menos favorável do que o previsto; e **otimistas**, que são situações nas quais a realidade acontece de forma mais favorável do que havia sido previsto.

---

Vamos, agora, utilizando outro exemplo, aprofundar um pouco mais o entendimento sobre análises de sensibilidade.

## Exemplo 2

Um empresário recebeu, na sede de sua empresa, uma proposta para aquisição de um novo equipamento, o qual deverá promover um incremento em sua produção. Ele dispõe das seguintes informações:

- Investimento inicial: R$ 1.000.000,00.
- Previsão de vendas: 1.000 unidades/ano.
- Preço unitário: R$ 300,00.
- Custo variável: R$ 40,00/unidade.
- Custos fixos: R$ 60.000,00/ano.
- Valor residual: R$ 30.000,00 (final do 6º ano).
- Taxa Mínima de Atratividade (TMA): 5%.

Temos, então:

- **Faturamento anual:** R$ 300,00 (preço unitário) · 1.000 (unidades vendidas por ano) = R$ 300.000,00.
- **Custo variável:** R$ 40,00 (custo variável unitário) · 1.000 (unidades vendidas por ano) = R$ 40.000,00.
- **Custo fixo:** R$ 60.000,00 anuais.
- **Caixa líquido anual:** R$ 300.000,00 (faturamento) − R$ 40.000,00 (custo variável) − R$ 60.000,00 (custo fixo) → R$ 200.000,00.

No sexto ano, teremos ainda o valor residual e, portanto, um caixa líquido de R$ 230.000,00.

Formamos, assim, o seguinte fluxo de caixa:

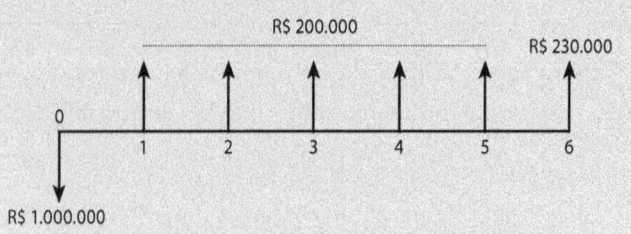

Para esse fluxo, com a TMA que foi estabelecida (5%), o VPL será de R$ 37.524,88, sendo que agora começaremos a sensibilizar esse fluxo com as seguintes alterações:

- Queda de 10% no número de unidades vendidas.
- Aumento de 10% no número de unidades vendidas.
- Queda de 10% no custo variável.
- Aumento de 10% no custo variável.
- Queda de 1 ponto percentual na TMA.
- Aumento de 1 ponto percentual na TMA.

Para cada possibilidade descrita, um novo VPL será calculado:

| Unid. | VPL (R$) | 0 (R$) | 1 (R$) | 2 (R$) | 3 (R$) | 4 (R$) | 5 (R$) | 6 (R$) |
|---|---|---|---|---|---|---|---|---|
| +10% | 169.492,87 | −1.000.000 | 226.000 | 226.000 | 226.000 | 226.000 | 226.000 | 256.000 |
| −10% | −94.443,12 | −1.000.000 | 174.000 | 174.000 | 174.000 | 174.000 | 174.000 | 204.000 |

| CV | VPL (R$) | 0 (R$) | 1 (R$) | 2 (R$) | 3 (R$) | 4 (R$) | 5 (R$) | 6 (R$) |
|---|---|---|---|---|---|---|---|---|
| +10% | 17.222,11 | −1.000.000 | 196.000 | 196.000 | 196.000 | 196.000 | 196.000 | 226.000 |
| −10% | 57.827,64 | −1.000.000 | 204.000 | 204.000 | 204.000 | 204.000 | 204.000 | 234.000 |

| TMA | VPL (R$) | 0 (R$) | 1 (R$) | 2 (R$) | 3 (R$) | 4 (R$) | 5 (R$) | 6 (R$) |
|---|---|---|---|---|---|---|---|---|
| +1 p.p. | 4.613,68 | −1.000.000 | 200.000 | 200.000 | 200.000 | 200.000 | 200.000 | 230.000 |
| −1 p.p. | 72.136,81 | −1.000.000 | 200.000 | 200.000 | 200.000 | 200.000 | 200.000 | 230.000 |

Comparando todos os novos VPLs ao calculado inicialmente, logo percebemos que o número de unidades vendidas tem um impacto mais relevante do que o aumento dos custos variáveis ou da TMA. Assim, a principal preocupação desse empresário deverá ser em aumentar o número de unidades vendidas.

Após esses exemplos, que ilustraram o aprofundamento da análise de sensibilidade, envolvendo mais variáveis e resultando em mais cenários, é possível entender a importância dessa ferramenta da engenharia econômica.

## Exercícios resolvidos

1. Assinale a alternativa que apresenta informações **incorretas** sobre análise de sensibilidade:
   a) **Trata-se de uma técnica de análise reativa, a ser utilizada para entender os motivos de determinada situação.**
   b) É uma técnica de análise que consiste na construção de cenários que podem ocorrer por meio de variações em determinados fatores ou variáveis.
   c) Na análise de sensibilidade, costuma-se formular números ímpares de cenários.
   d) Os cenários que são construídos ajudam a compreender as implicações das possíveis ocorrências.

2. Leia as sentenças contidas no quadro a seguir e assinale verdadeiro ou falso:

|  | Verdadeiro | Falso |
|---|---|---|
| A análise de sensibilidade não permite compreender quais fatores têm maior importância para o resultado desejado. |  | X |
| A análise de sensibilidade serve única e exclusivamente para evitar perdas. |  | X |
| A análise de sensibilidade é uma técnica preventiva que permite a mitigação de riscos e o aproveitamento de oportunidades. | X |  |
| Quanto maior o número de cenários construídos, maiores as chances de adequação ao que ocorrerá no futuro. | X |  |
| A construção de cenários para a análise de sensibilidade deve se pautar nas oscilações possíveis para apenas uma variável. |  | X |

3. Dentro de uma análise de sensibilidade existem 3 variáveis que podem ser sensibilizadas, sendo que, para cada uma delas, existem 5 possibilidades, distribuídas das seguinte forma: 1 realista, 2 otimistas e 2 pessimistas – em diferentes graus.

   Calcule quantos cenários ou possibilidades existem nessa análise de sensibilidade:
   - 1ª variável: 5 possibilidades.
   - 2ª variável: 5 possibilidades.
   - 3ª variável: 5 possibilidades.

   **Logo, o resultado é 5 · 5 · 5 ou $5^3$ = 125 cenários ou possibilidades.**

4. Considerando estes mesmos dados, quantos cenários favoráveis foram previstos nesta análise de sensibilidade?
   - 1ª variável: 2 possibilidades otimistas ou favoráveis.
   - 2ª variável: 2 possibilidades otimistas ou favoráveis.
   - 3ª variável: 2 possibilidades otimistas ou favoráveis.

   **O resultado é 2 · 2 · 2 ou $2^3$ = 8 cenários ou possibilidades exclusivamente favoráveis em um total de 125 cenários.**

5. Considerando esses mesmos dados da análise de sensibilidade, quantos cenários podem ser previstos com possibilidades pessimistas na primeira variável e que não sejam pessimistas nas duas variáveis seguintes?
   - 1ª variável: 2 possibilidades pessimistas ou desfavoráveis.
   - 2ª variável: 3 possibilidades não pessimistas (1 realista e 2 favoráveis).
   - 3ª variável: 3 possibilidades não pessimistas (1 realista e 2 favoráveis).

   **O resultado é 2 · 3 · 3 ou $3^2 \cdot 2$ = 18 cenários ou possibilidades dentro de um total de 125 cenários.**

# Substituição de equipamentos

8

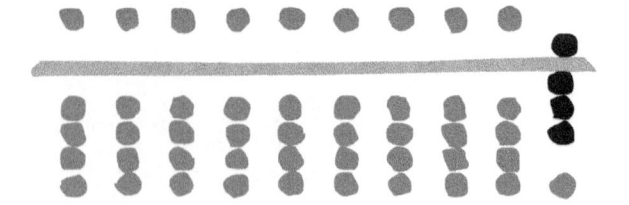

**Conteúdos do capítulo:**

- A decisão de substituir equipamentos.
- Tipos de substituição.

A decisão de **substituir um equipamento** é de grande relevância para uma corporação ou empresa, já que, em muitos casos, o valor em questão é bastante elevado ou, ainda, pode se tratar de decisão que impacta na sua continuidade. Neste capítulo, vamos demonstrar como utilizar o instrumental de engenharia econômica para realizar essas escolhas com competência.

Como pudemos verificar ao longo de todo o livro, a engenharia econômica se aplica principalmente – mas não exclusivamente – ao setor industrial, de transformação (ou secundário), no qual os insumos obtidos do setor primário são manufaturados e transformados em produtos com valor agregado a serem comercializados e utilizados no setor terciário. Sendo assim, o setor de transformação tem uma necessidade primordial de máquinas e equipamentos, fundamentais ao seu funcionamento.

Apesar de o tema ser comumente denominado *substituição de equipamentos*, a acepção mais correta seria *substituição de ativos*, já que esse tipo de análise se aplica, por exemplo, à decisão de prosseguir ou de mudar uma cultura agrícola ou de pecuária. Enfim, o que precisamos entender é que essa análise pode ser relativa a questões mais abrangentes do que simplesmente decidir pela substituição ou não de uma máquina – o que já costuma ser uma decisão bastante desafiadora.

Entretanto, o custo com máquinas e equipamentos acompanha as empresas – por exemplo, do setor industrial – desde sua fase inicial (implantação). Isso porque, primeiramente, há a aquisição dos bens, depois a manutenção e, mais à frente, o fim de sua vida útil ou, ainda, sua obsolescência, algo que em muitas situações é programado pelos próprios fabricantes, já que esse processo estimula a substituição por novos modelos de máquinas e garante novas vendas de equipamentos.

Diante da importância dessa decisão, a engenharia econômica dedica um tópico inteiro especificamente à atualização do parque industrial. Conforme veremos mais à frente, nem sempre a decisão que parece mais adequada realmente será aquela que proporcionará os resultados mais interessantes, tendo em vista um aspecto que abordamos no capítulo anterior: o custo do dinheiro ou do capital.

Basicamente, as possibilidades de decisão sobre substituição de equipamentos são as seguintes:

- Sem reposição.
- Substituição por ativos similares.
- Substituição por ativos não similares.
- Substituição com progresso tecnológico.
- Substituição estratégica.

# Perguntas & respostas

### O que motiva a substituição de equipamentos?

A necessidade de substituir equipamentos surge basicamente da obsolescência dos equipamentos, programada ou não. Isso ocorre pelo fim da **vida útil** ou pelo fim da **vida econômica**, que é quando o equipamento ainda funciona, mas passa a ser mais oneroso do que rentável.

---

Os conceitos apresentados neste capítulo visam auxiliar a identificar quais são os momentos para a substituição. Vamos conhecer agora essas possibilidades de decisão mais detalhadamente.

## 8.1 Sem reposição

A decisão mais básica que pode existir sobre a substituição de equipamentos é sua **manutenção** ou sua **baixa**. Um mesmo equipamento tem **dois tipos de vida**: útil e econômica.

A **vida útil** é, basicamente, o período no qual há a capacidade de seguir em funcionamento até que chegue o momento em que o próximo defeito ou problema seja absolutamente insanável. Já a **vida econômica**, por sua vez, é parecida com a vida útil, mas tem uma importante diferença, que é a de ser **mais curta**. Ela se caracteriza pelo período em que é viável financeiramente a manutenção daquele ativo, até o momento em que **financeiramente** não é mais justificável sua manutenção, pois os custos se elevariam a níveis insuportáveis.

Para esse tipo de decisão, basicamente são feitos cálculos de valor presente líquido (VPL) e comparados os resultados, sendo verificada qual opção adotar, sempre tendo em vista que, nesse caso, tratamos somente dos aspectos econômico-financeiros, os quais, na prática, não são os únicos que influenciam na decisão.

Para ilustrar melhor essa explicação, vamos a um exemplo prático.

## Exemplo 1

Uma fábrica pretende se desfazer de um determinado equipamento, que já começou a apresentar problemas recorrentes e necessidade mais frequente de manutenção. Estimados o valor residual do ativo ano após ano, os custos e as receitas, os empresários encontraram as informações a seguir. Consideremos, para efeito de análise, que a taxa de atratividade é da ordem de 10% ao ano:

| Ano | Valor residual (R$) | Custos (R$) | Receitas (R$) |
|---|---|---|---|
| 0 | 5.000 | – | – |
| 1 | 4.500 | 3.500 | 9.000 |
| 2 | 3.000 | 4.500 | 8.000 |
| 3 | 1.500 | 5.500 | 7.000 |

Graficamente, teremos quatro fluxos de caixa do mesmo tipo que o exibido a seguir, referente ao "ano 1" do nosso exemplo:

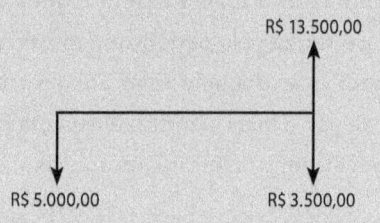

R$ 13.500,00

R$ 5.000,00       R$ 3.500,00

Podemos observar que, no momento seguinte – ou um ano depois –, a máquina vai ter um fluxo negativo (custo) de R$ 3.500,00. Além disso, haverá um fluxo positivo de R$ 13.500,00, referente aos R$ 9.000,00 da receita do ano e aos R$ 4.500,00 da venda do equipamento. Teremos, assim, uma receita líquida de R$ 10.000,00 (R$ 13.500,00 – R$ 3.500,00). O valor de R$ 10.000,00 precisa ser trazido a valor presente, descontado a 10% anuais, conforme o enunciado do exemplo:

$$PV = \frac{10.000}{(1 + 0,1)^1} = 9.090,91$$

O valor atualizado de R$ 9.090,91, diminuído do investimento ou do valor residual que a fábrica deixou de apropriar, de R$ 5.000,00, resulta, portanto, em um VPL de R$ 4.090,91. Sendo assim, devemos ter em vista que, se o valor residual do ano anterior não for apropriado, funciona como um investimento ou um fluxo de caixa de saída de recursos (negativo). Aplicando esse raciocínio aos números dos demais anos, teremos:

| Ano | Valor residual (R$) | Custos (R$) | Receitas (R$) | VPL (R$) |
|---|---|---|---|---|
| 0 | 5.000 | – | – | – |
| 1 | 4.500 | 3.500 | 9.000 | 4.090,91 |
| 2 | 3.000 | 4.500 | 8.000 | 1.409,09 |
| 3 | 1.500 | 5.500 | 7.000 | –272,73 |

Assim, economicamente, é plausível manter o equipamento por mais dois anos, enquanto o VPL ainda for positivo. Caso o equipamento seja mantido por mais um terceiro ano, o VPL passará a ser negativo, o que, economicamente, não é interessante.

Passaremos a outra modalidade de decisão de substituição, por ativos similares, mais complexa do que a simples definição da vida econômica dos ativos em análise.

## 8.2 Substituição por ativos similares

Vamos, agora, lidar com outro tipo de decisão. Não se trata somente de manter ou dar baixa em um ativo, mas sim de uma escolha entre **manter** um ativo – que, nesse caso, é conhecido como *defensor* – **ou adquirir** um novo, chamado pela literatura de *desafiante*.

Nessa mesma perspectiva, precisamos primeiramente avaliar se o ativo *desafiante* é ou não **similar** ao ativo *desafiado*. É exatamente dessa **situação de similaridade** que vamos tratar neste momento. Se estivermos falando de substituição por ativos similares, o momento ideal para isso é no **final da vida econômica** do ativo desafiado, que é aquele momento no qual passa a ser financeiramente injustificável a sua manutenção, mesmo que ainda haja vida útil.

Como forma de aprofundar e analisar de maneira mais consistente o conceito de **vida econômica**, o exemplo a seguir será ilustrativo.

### Exemplo 2

Suponha que uma empresa precise calcular a vida econômica de uma empilhadeira, com o objetivo de determinar o momento ideal para substituição do equipamento. Para tanto, há as informações a seguir:

| Ano | 1 | 2 | 3 | 4 |
| --- | --- | --- | --- | --- |
| Valor residual (R$) | 700 | 650 | 550 | 400 |
| Custos (R$) | 50 | 55 | 65 | 85 |

Uma empilhadeira nova custa R$ 1.000,00 e a taxa de atratividade que será usada nas atualizações é de 5% a.a.

Para descobrirmos o ponto ideal de substituição, ou seja, a vida econômica da empilhadeira, precisaremos realizar o cálculo do custo anual uniforme equivalente (CAUE) da máquina para cada um dos 4 anos subsequentes, de forma que o menor resultado obtido será a sua vida econômica.

**Para o ano 1:**

Casarotto Filho e Kopittke (2000) nos mostra que o CAUE desse primeiro ano equivale ao custo da decisão de trocar o equipamento anualmente, sempre pelo "*top* de linha" ou modelo do ano.

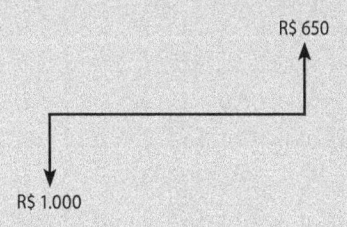

```
                    R$ 650
                      ↑
         ┌────────────┘
         ↓
      R$ 1.000
```

Os dois valores indicados no fluxo são os seguintes: R$ 1.000,00, no ano zero, referentes ao custo de uma empilhadeira nova, cuja aquisição não foi feita (e entendemos que esse valor foi "investido" na manutenção da empilhadeira em uso, ou do ativo desafiado); os R$ 650,00 do ano seguinte são resultantes da subtração do valor residual que seria obtido em uma eventual venda (R$ 700,00) no ano 1 pelo custo de manutenção (R$ 50,00).

Assim, o CAUE1 é:

$$(1.000 \cdot 1,05) - 650 \rightarrow 1.050 - 650 = \mathbf{400}$$

**Para o ano 2:**

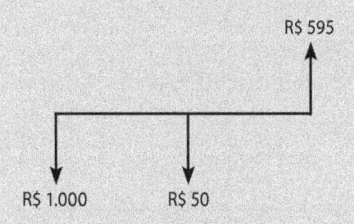

```
                         R$ 595
                           ↑
         ┌─────────────────┘
         ↓         ↓
      R$ 1.000   R$ 50
```

No ano seguinte, o cálculo do CAUE continua indicando os R$ 1.000,00 como investimento e a manutenção do ano 1 (R$ 50,00) como fluxos negativos ou saídas de recursos. No fluxo positivo do ano 2, subtraiu-se o valor residual (R$ 650,00) do custo de manutenção a ser despendido naquele mesmo ano (R$ 55,00).

Agora, o CAUE2 é:

$(1.000 + \frac{50}{(1,05)}) \cdot (A/P; 0,05; 2) - 595 \cdot (A/F; 0,05; 2) \rightarrow$

$1.047,62 \cdot 0,537805 - 595 \cdot 0,487805 \rightarrow$

$563,41 - 290,24 = \mathbf{273,17}$

**Para o ano 3:**

A partir daqui, o raciocínio e a fórmula do CAUE não vão mais mudar, implicando apenas números cada vez maiores de fluxos que precisam ser ajustados, mas sempre com repetição dos cálculos que precisam ser feitos. Podemos ver isso a seguir:

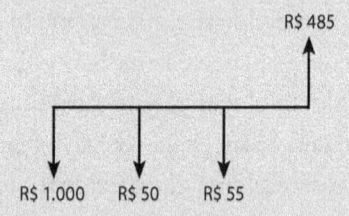

```
                                R$ 485
                                  ▲
                                  │
        ┌─────────┬──────┬────────┘
        ▼         ▼      ▼
     R$ 1.000   R$ 50  R$ 55
```

O CAUE3 é:

$(1.000 + \frac{50}{(1,05)} + \frac{55}{(1,05)^2}) \cdot (A/P; 0,05; 3) - 485 \cdot (A/F; 0,05; 3) \rightarrow$

$(1.000 + 47,62 + 49,89) \cdot 0,367209 - 485 \cdot 0,317209 \rightarrow$

$403,01 - 153,85 = \mathbf{249,17}$

**Para o ano 4:**

Repetindo todo o raciocínio no ano 4, temos:

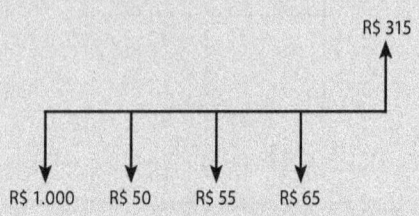

```
                                  R$ 315
                                    ▲
                                    │
        ┌─────────┬──────┬──────┬───┘
        ▼         ▼      ▼      ▼
     R$ 1.000   R$ 50  R$ 55  R$ 65
```

O CAUE4 é:

$(1.000 \frac{50}{(1,05)} + \frac{55}{(1,05)^2} + \frac{65}{(1,05)^3}) \cdot (A/P; 0,05; 4) - 315 \cdot (A/F; 0,05; 4) \to$

$(1.000 + 47{,}62 + 49{,}89 + 56{,}15) \cdot 0{,}282012 - 315 \cdot 0{,}232012 \to$

$325{,}35 - 73{,}08 =$ **252,26**

**Conclusão:**

Agora que já calculamos o CAUE para os quatro anos desejados, vamos compará-los. Assim, temos:

| Ano | CAUE (R$) |
|---|---|
| 1 | 400,00 |
| 2 | 273,17 |
| 3 | 249,17 |
| 4 | 252,26 |

Assim, obtemos como **vida econômica** – ou **momento ideal para troca** por ativo similar – o final do terceiro ano, pois é o ano em que o CAUE é **menor**. Podemos observar que os custos aumentariam a partir do quarto ano em diante, de forma que, posteriormente, os custos se tornariam excessivamente elevados.

À medida que o tipo de decisão de substituição a ser analisada vai se modificando, é preciso cada vez mais recursos. Nas decisões de substituição por ativos similares, passamos a precisar do CAUE.

Veremos, a seguir, como analisar as substituições por ativos não similares.

## 8.3 Substituição por ativos não similares

Depois de demonstrar como decidir a substituição ou não de um equipamento por um ativo similar, passemos às decisões que envolvem substituições por **equipamentos não similares**.

Como vimos há pouco, quando um bem alcança sua vida econômica, deve ser substituído – seja por um similar, seja por um não similar. Entretanto, quando ainda não atingiu a vida econômica, se a substituição ocorrer, esta deverá ser feita por ativo não similar, observando dois aspectos que vamos discutir: a **pertinência econômica** da substituição e, em caso positivo para essa pertinência, qual seria o **melhor momento** para fazê-lo.

Devido a fatores culturais, uma análise nesse sentido é desnecessária, pois pressupomos que um bem novo – o qual, teoricamente, apresenta mais tecnologia – será necessariamente melhor e mais econômico. Todavia, nem sempre é assim. Apesar de o ímpeto sempre direcionar para a substituição, haverá casos em que manter o ativo desafiado por mais um ou dois anos será **economicamente adequado**. Esse tipo de análise serve também para decisões que têm como alternativas **alugar** ou **adquirir** equipamentos.

> Quando um bem alcança sua vida econômica, deve ser substituído – seja por similar, seja por não similar.

Vamos, a seguir, a um exemplo desse tipo de substituição.

## Exemplo 3

A construtora Construbem está analisando se deve ou não trocar seus guindastes, os quais contam com expectativa de vida útil de mais 5 anos, por novos guindastes, de modelo mais moderno. Os valores residuais e dos custos de manutenção e de operação desses guindastes (ativo desafiado) são:

| Ano | 0 | 1 | 2 | 3 | 4 | 5 |
|---|---|---|---|---|---|---|
| **Valor Residual (R$)** | 100.000 | 80.000 | 60.000 | 40.000 | 20.000 | 0 |
| **Custos (R$)** | 0 | 30.000 | 40.000 | 50.000 | 60.000 | 70.000 |

Os guindastes novos custarão R$ 400.000, têm uma vida útil de 10 anos, custos de R$ 10.000,00 no ano 1 e aumentarão R$ 10.000 a cada ano, além de um valor de revenda de R$ 360.000 no ano 1, caindo R$ 40.000 por ano. A taxa mínima de atratividade (TMA) é de 10%.

Como as opções aqui apresentadas têm horizontes de tempo diferentes, temos de começar calculando o CAUE de cada ano para a segunda opção, que tem o horizonte de tempo mais longo, com a intenção de encontrar o menor CAUE, que servirá de referência para verificar qual será o momento da substituição – isso se ela realmente tiver de ser feita.

Para evitar a repetição de tantos cálculos do CAUE, podemos escolher dois ou três marcos de tempo e, com base neles, pelo intervalo, encontrar o menor CAUE. Porém, aqui faremos os cálculos para todos os períodos:

| Ano | 0 | 1 | 2 | 3 | 4 | 5 | 6 | 7 | 8 | 9 | 10 |
|---|---|---|---|---|---|---|---|---|---|---|---|
| Valor Residual (R$) | 400.000 | 360.000 | 320.000 | 280.000 | 240.000 | 200.000 | 160.000 | 120.000 | 80.000 | 40.000 | 0 |
| Custos (R$) | 0 | 10.000 | 20.000 | 30.000 | 40.000 | 50.000 | 60.000 | 70.000 | 80.000 | 90.000 | 100.000 |

Para o cálculo do CAUE de cada período, é preciso ajustar os números de acordo com o tipo do valor (série uniforme, série gradiente, valor futuro ou valor presente).

Então:

- **Valor residual em cada CAUE:** 400.000 (A/P; 0,1; n), porque estamos trazendo um valor de série uniforme para valor presente. Esse é o investimento inicial de cada período da série.
- **Custos em cada CAUE:** 5.000 + 5.000 (A/G; 0,1; n), porque é uma série gradiente (com valores em progressão) a ser ajustada para a série uniforme.
- **Revenda em cada CAUE:** 400.000 (A/F; 0,1; n), já que estamos ajustando um valor futuro para uma série uniforme.

Após todos esses cálculos descritos – e somando os novos investimentos iniciais com os custos, diminuindo dos valores de revenda –, temos a seguinte lista de CAUE:

| CAUE1 = 90.000,00 | CAUE2 = 92.857,10 | CAUE3 = 95.619,36 | CAUE4 = 98.287,04 | CAUE5 = 100.860,66 |
|---|---|---|---|---|
| CAUE6 = 103.341,25 | CAUE7 = 105.729,55 | CAUE8 = 108.027,03 | CAUE9 = 110.234,27 | CAUE10 = 112.352,61 |

Portanto, o CAUE que servirá de referência é o CAUE1, no valor de R$ 90.000,00. Esse valor deverá ser utilizado nos cálculos do CAUE dos guindastes antigos, para ajudar a verificar o CAUE de cada um dos 5 anos que restam de vida útil aos equipamentos envelhecidos, resultando no seguinte:

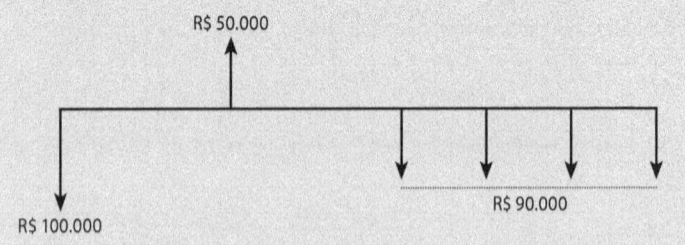

R$ 50.000

R$ 100.000         R$ 90.000

Sendo assim, temos um investimento de R$ 100.000,00, com um fluxo positivo de R$ 50.000,00 no ano 1, resultado da subtração do valor residual pelos custos. Vale lembrar que nossa suposição é de que estaríamos substituindo os equipamentos nesse momento. Os anos seguintes seriam completados pelo menor CAUE dos novos equipamentos, formando a vida útil de 5 anos.

Seguem os cálculos:

- **CAUE1** = [100.000 − 50.000 · (P/F; 0,1; 1) + 90.000 · (P/A; 0,1; 4) · (P/F; 0,1; 1)] · (A/P; 0,1; 5) = 82.805,37

Para cada um dos CAUE seguintes, diminuímos um dos fluxos de R$ 90.000,00, surgindo um fluxo a mais, conforme vemos a seguir:

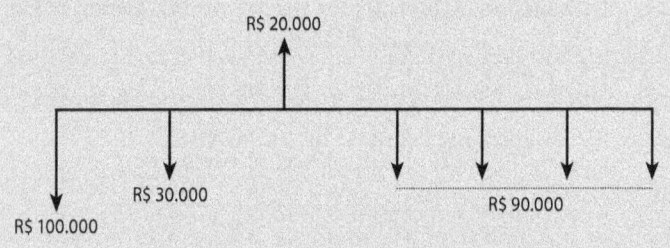

R$ 20.000

R$ 30.000

R$ 100.000         R$ 90.000

Vale a pena repetir que há um fluxo positivo, resultante de uma subtração do valor residual pelos custos.

- **CAUE2** = [100.000 + 30.000 · (P/F; 0,1; 1) − 20.000 (P/F; 0,1; 2) + 90.000 · (P/A; 0,1; 3) · (P/F; 0,1; 2)] · (A/P; 0,1; 5) = 78.009,05.

Vamos, agora, aos demais CAUE:

- **CAUE3** = [100.000 + 30.000 · (P/F; 0,1; 1) + 40.000 · (P/F; 0,1; 2) − (−10.000 · (P/F; 0,1; 3)) + 90.000 · (P/A; 0,1; 2) · (P/F; 0,1; 3)] · (A/P; 0,1; 5) = 75.234,34.

- **CAUE4** = [100.000 + 30.000 · (P/F; 0,1; 1) + 40.000 · (P/F; 0,1; 2) + 50.000 · (P/F; 0,1; 3) − (−40.000 · (P/F; 0,1; 4)) + 90.000 · (P/A; 0,1; 4) · (P/F; 0,1; 1)] · (A/P; 0,1; 5) = 74.153,26.

- **CAUE5** = [100.000 + 30.000 · (P/F; 0,1; 1) + 40.000 · (P/F; 0,1; 2) + 50.000 · (P/F; 0,1; 3) + 60.000 · (P/F; 0,1; 4) − 70.000 · (P/F; 0,1; 5)] · (A/P; 0,1; 5) = 74.480,86.

Portanto, nenhum dos CAUE dos guindastes em uso foi superior a R$ 90.000,00. Logo, economicamente, é melhor esperar o fim da vida útil para substituição por ativos não similares. Caso a substituição precisasse ser feita por similares, o momento seria após o ano 4, quando o CAUE se torna menor.

O exemplo anterior ajuda a desmistificar a premissa de que um ativo mais novo necessariamente será a melhor opção a qualquer momento. Porém, o que acontece quando a diferença entre os ativos avaliados não é apenas incremental, mas sim de reais inovações tecnológicas? Essa é a discussão do próximo tópico.

## 8.4 Substituição com progresso tecnológico

A **substituição com progresso tecnológico** indica um aporte de recursos tecnológicos que não eram utilizados anteriormente.

> *Quando a idade cronológica do ativo for superior à sua vida útil, sugerimos a troca por um ativo novo, caso ele contenha progressos tecnológicos.*

Diferentemente do que vimos nos modelos anteriores de substituição de ativos, conforme Casarotto Filho e Kopittke (2000), o que impele a mudança não é a deterioração – que é uma característica natural dos equipamentos –, mas sim a **obsolescência**, que é uma característica diferente, resultante do surgimento de novas tecnologias.

Quando a idade cronológica do ativo for superior à sua vida útil, sugerimos a **troca** por um **ativo novo**, caso ele contenha progressos tecnológicos. Entretanto, em situação diferente, aplicamos o método de análise da vida econômica. O diferencial aqui é que, por se tratar de equipamento substituto com avanços tecnológicos, a abrangência dos parâmetros de comparação é ainda maior, porque há uma tendência de ativos desafiadores que exijam custos menores e promovam resultados financeiros mais vultosos, ou seja, **mais eficientes**.

Como dissemos anteriormente, a obsolescência dos equipamentos, em alguns casos, é uma característica programada por seus fabricantes, para reduzir seu ciclo de uso e acelerar o interesse dos consumidores em adquirir as novidades. Esse aprimoramento tecnológico, por sua vez, torna o processo decisório ainda mais complexo, por ser mais dinâmico.

## 8.5 Substituição estratégica

A **substituição** de equipamentos **com caráter estratégico** implica um desafio ainda mais sofisticado. Indica que o equipamento a ser substituído é um **fator de ineficiência**, ou seja, um fator para os custos e retornos que não colaboram como deveriam para o posicionamento da empresa no mercado.

Além do progresso tecnológico, a substituição estratégica é mais abrangente. Ela não considera exclusivamente a vida econômica, os custos crescentes e as receitas decrescentes, mas também fatores intangíveis, estratégicos, além dos ganhos de escala pela diminuição de resíduos e o aproveitamento mais eficaz dos insumos. Assim, não há uma fórmula ou um padrão, pois cada tipo de equipamento tem seus indicadores específicos de receitas e custos.

Neste capítulo, abordamos apenas as substituições de ativos que provêm de aquisições ou compras, que podem se dar com recursos próprios ou de terceiros, porém, na verdade, as opções incluem o aluguel e também os arrendamentos mercantis, conhecidos como operações de *leasing*.

Precisamos ter em mente, mais uma vez, que a engenharia econômica enfoca questões que correlacionam dinheiro e tempo. Contudo, não podemos deixar de considerar as questões técnicas e específicas de cada atividade. É esse **conjunto de informações** que vai proporcionar os subsídios necessários para quem deve tomar as decisões, especialmente no tocante à substituição de ativos.

## Perguntas & respostas

**1. Quais são as modalidades de substituição de equipamentos?**

As substituições podem ser: **sem reposição**, quando a decisão envolve apenas manutenção ou baixa de um ativo; **com reposição de similares**, uma decisão em que, se o ativo for substituído, será por um ativo similar, normalmente ao fim da vida econômica do ativo; **com reposição de não similares**, quando a substituição ocorrer antes do fim da vida econômica; **progresso tecnológico**, que é uma modalidade de substituição não pautada pela deterioração, e sim pela obsolescência; e **estratégicas**, que não se pautam apenas pelos aspectos tangíveis, mas também pelos intangíveis, como ganhos de escala e aumento de eficiência.

## 2. Os conceitos de substituição se aplicam somente a equipamentos?

Não. Na verdade, os conceitos deste capítulo remetem a algo mais amplo e abrangente, que é a substituição de ativos, a exemplo de uma decisão que envolva alterar ou não a atividade econômica que é desenvolvida em um imóvel rural.

---

Dessa forma, concluímos que a substituição de equipamentos com caráter estratégico é a modalidade que requer análises mais profundas, porque é uma decisão influenciada por diversos fatores, alguns deles de difícil mensuração ou representação numérica.

## Exercícios resolvidos

1. Relacione a coluna da esquerda com a da direita e assinale a alternativa que contém a sequência correta:

| | |
|---|---|
| 1. Substituição estratégica | ( ) Manter ou dar baixa no ativo |
| 2. Substituição por não similares | ( ) No fim da vida econômica do ativo |
| 3. Não reposição | ( ) Envolve aspectos intangíveis |
| 4. Substituição com progresso tecnológico | ( ) Antes do fim da vida econômica |
| 5. Substituição por similares | ( ) É pautada pela obsolescência |

a) 5, 1, 4, 3, 2.
b) 1, 5, 2, 4, 3.
c) **3, 5, 1, 2, 4.**
d) 4, 5, 2, 1, 3.
e) 2, 5, 1, 3, 4.

2. Leia as sentenças contidas no quadro a seguir e assinale verdadeiro ou falso:

| | Verdadeiro | Falso |
|---|---|---|
| Na substituição por ativos similares, é preciso comparar os CAUE do ativo desafiado e do ativo desafiante. | | X |
| Nos casos de não reposição, basta calcular os VPLs de cada período e compará-los. | X | |
| Em caso de substituições por ativos não similares, não há forma de comparar ativos que têm vidas úteis com durações diferentes. | | X |
| O momento ideal de substituir um ativo é ao fim de sua vida econômica. | X | |
| Os conceitos de substituição não têm aplicabilidade abrangente, sendo restritos apenas a máquinas. | | X |

3. Uma fábrica pretende se desfazer de um determinado equipamento, que já começou a apresentar problemas recorrentes e necessidade mais frequente de manutenção. Estimados o valor residual do ativo ano após ano, os custos e as receitas, os empresários encontraram as informações descritas no quadro a seguir. Consideremos, para efeito de análise, que a taxa de atratividade é da ordem de 5% anuais.

| Ano | Valor residual (R$) | Custos (R$) | Receitas (R$) |
|---|---|---|---|
| 0 | 50.000 | 8.000 | 30.000 |
| 1 | 40.000 | 9.000 | 25.000 |
| 2 | 30.000 | 10.000 | 20.000 |
| 3 | 20.000 | 11.000 | 15.000 |
| 4 | 10.000 | 12.000 | 10.000 |
| 5 | 0 | 13.000 | 5.000 |

Graficamente, temos quatro fluxos de caixa do mesmo tipo que o exibido a seguir, referente ao "ano 1" do nosso exemplo.

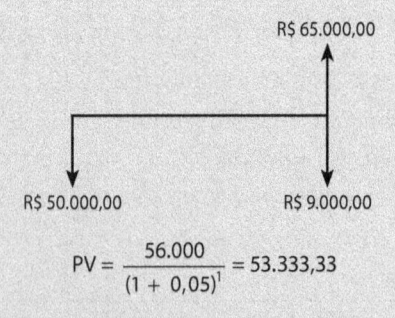

R$ 65.000,00

R$ 50.000,00      R$ 9.000,00

$$PV = \frac{56.000}{(1 + 0,05)^1} = 53.333,33$$

VPL1 = 53.333,33 − 50.000,00 = 3.333,33

| Ano | Valor residual (R$) | Custos (R$) | Receitas (R$) | VPL (R$) |
|---|---|---|---|---|
| 0 | 50.000 | 8.000 | 30.000 | – |
| 1 | 40.000 | 9.000 | 25.000 | 3.333,33 |
| 2 | 30.000 | 10.000 | 20.000 | −1.904,76 |
| 3 | 20.000 | 11.000 | 15.000 | −7.142,86 |
| 4 | 10.000 | 12.000 | 10.000 | −12.380,95 |
| 5 | 0 | 13.000 | 5.000 | −17.619,05 |

Assim, economicamente, é plausível manter o equipamento por mais um ano apenas, enquanto o VPL ainda é positivo.

4. Uma indústria de tecidos está realizando uma revisão geral em seu maquinário e detectou a necessidade de calcular a vida econômica de uma máquina embaladeira de rolos de tecidos para determinar a vida econômica do equipamento, já que a vida útil desta aparenta estar chegando ao fim. A fábrica deseja substituí-la por equipamento similar. Constam, a seguir, as informações econômicas do equipamento:

| Ano | 1 | 2 | 3 | 4 | 5 | 6 |
|---|---|---|---|---|---|---|
| Valor residual (R$) | 7.000 | 6.000 | 5.000 | 4.000 | 3.000 | 2.000 |
| Custos (R$) | 500 | 700 | 800 | 900 | 1.000 | 1.500 |

Uma embaladeira nova custa R$ 10.000,00 e a taxa de atratividade, que será usada nas atualizações, é de 6% a.a.

Sendo assim, calcule a vida econômica da embaladeira em uso e determine o momento de realizar a substituição:

- **CAUE1:** $(10.000 \cdot 1,06) - 6.500 \rightarrow 10.600 - 6.500 = \mathbf{4.100,00}$.

- **CAUE2:** $(10.000 + \dfrac{500}{(1,06)}) \cdot (A/P; 0,06; 2) - 5.300 \, (A/F; 0,06; 2) \rightarrow$
  $10.471,70 \cdot 0,545437 - 5.300 \cdot 0,485437 \rightarrow 5.711,65 - 2.572,82 =$ **3.138,84**.

- **CAUE3:** $(10.000 + \dfrac{500}{(1,06)} + \dfrac{700}{(1,06)^2}) \cdot (A/P; 0,06; 3) - 4.200 \cdot$
  $(A/F; 0,06; 3) \rightarrow (10.000 + 471,70 + 623,00) \cdot 0,374110 - 4.200 \cdot$
  $0,314110 \rightarrow 4.150,64 - 1.319,26 = \mathbf{2.831,37}$.

- **CAUE4:** $(10.000 + \dfrac{500}{(1,06)} + \dfrac{700}{(1,06)^2} + \dfrac{800}{(1,06)^3}) \cdot (A/P; 0,06; 4) - 3.100 \cdot$
  $(A/F; 0,06; 4) \rightarrow (10.000 + 471,70 + 623,00 + 671,70) \cdot 0,288591 - 3.100 \cdot$
  $0,228591 \rightarrow 3.395,67 - 708,63 = \mathbf{2.687,04}$.

- **CAUE5:** $(10.000 + \dfrac{500}{(1,06)} + \dfrac{700}{(1,06)^2} + \dfrac{800}{(1,06)^3} + \dfrac{900}{(1,06)^4}) \cdot (A/P; 0,06; 5) -$
  $2.000 \, (A/F; 0,06; 5) \rightarrow (10.000 + 471,70 + 623,00 + 671,70 + 712,88) \cdot$
  $0,237396 - 2.000 \cdot 0,177396 \rightarrow 2.962,53 - 354,79 = \mathbf{2.607,74}$.

- **CAUE6:** $(10.000 + \dfrac{500}{(1,06)} + \dfrac{700}{(1,06)^2} + \dfrac{800}{(1,06)^3} + \dfrac{900}{(1,06)^4} + \dfrac{1.000}{(1,06)^5}) \cdot$
  $(A/P; 0,06; 6) - 500 \cdot (A/F; 0,06; 6) \rightarrow (10.000 + 471,70 + 623,00 +$
  $671,70 + 712,88 + 747,26) \cdot 0,203363 - 500 \cdot 0,143363 \rightarrow$
  $2.689,79 - 71,68 = \mathbf{2.618,11}$.

| Ano | CAUE (R$) |
|---|---|
| 1 | 4.100,00 |
| 2 | 3.138,84 |
| 3 | 2.831,37 |
| 4 | 2.687,04 |
| **5** | **2.607,74** |
| 6 | 2.618,11 |

# Para concluir...

Encerramos esta obra após apresentar e analisar os conceitos da **matemática financeira** e da **análise de investimentos**, que formam a **engenharia econômica**. Abordamos aqui princípios, pressupostos e fórmulas que qualificam os processos decisórios de caráter econômico-financeiro. A partir desse momento, sugerimos que você, leitor, prossiga intensificando suas pesquisas e seu aprendizado sobre a engenharia econômica, realizando consultas a outras fontes bibliográficas e aprofundando a leitura e o estudo dos temas mais importantes dessa área.

Os principais métodos de análise de problemas relacionados à engenharia econômica estão aqui dispostos, porém, além da teoria, é fundamentalmente a **prática** e o **conhecimento profundo** das atividades e do setor específico de atuação da organização para a qual a análise é feita que permitem a quem toma decisões financeiras ser mais preciso e eficiente. No Brasil, sofremos ainda com um enorme *deficit* de produtividade e de eficiência em todas as áreas da nossa economia, o que aumenta ainda mais a responsabilidade de acertar nas decisões financeiras, sendo, portanto, a engenharia econômica algo **imprescindível** para que o planejamento empresarial seja executado como estipulado.

O aspecto que faz da engenharia econômica um método que proporciona soluções válidas é justamente o seu conjunto de fórmulas e referenciais matemáticos que, por meio de denominadores comuns, transformam propostas diferentes em propostas com parâmetros diretamente comparáveis. E mais: esse mesmo conjunto contempla o fato de que o valor do dinheiro – não o nominal, aquele de face, mas sim o valor real – muda conforme o passar do tempo, de acordo com as variáveis econômicas, especialmente a inflação.

Conforme vimos no início deste livro, a alocação de recursos é uma questão basilar da economia. E a engenharia econômica não foge a esse desafio, muito pelo contrário, já que abrange o cálculo de valores e indicadores que nos mostram o mais precisamente possível qual será o resultado de um projeto de investimento. Isso o torna mais previsível e aumenta as chances de que, por exemplo, o custo médio ponderado do capital seja superado, a viabilidade dos projetos seja efetiva e o uso dos recursos financeiros seja feito de forma realmente eficiente. E é justamente um fator econômico-financeiro, o fluxo de caixa ou o capital de giro, uma das principais causas de **mortalidade das microempresas brasileiras**, muitas vezes antes de completar dois anos de funcionamento.

Além disso, há o próprio cenário macroeconômico brasileiro, no qual a taxa básica de juros, a Selic, sempre figurou entre as maiores doE mundo. Isso configura, evidentemente, mais uma dificuldade para a viabilização de projetos empresariais, requerendo, assim, uma pesquisa criteriosa sobre as fontes de onde captar recursos, até mesmo por meio de novas modalidades, como o chamado *crowdfunding*, o qual, a depender do tipo de projeto, poderá promover uma importante redução do custo de capital e o consequente aumento das chances de sua viabilidade.

Assim, apesar de terem sido feitas nesta obra um sem-número de citações a "empresas" ou a "organizações" – o que nos leva sempre a pensar em *empresas privadas*, que têm o lucro como objetivo principal –, isso de forma nenhuma exclui, por exemplo, as empresas públicas ou ligadas ao Estado. Toda e qualquer organização, até mesmo as do chamado *terceiro setor* ou sem fins lucrativos, precisam buscar o máximo de eficiência no uso de seus recursos. Sendo assim, os princípios aqui expostos também lhes são válidos, porque o desperdício de recursos precisa ser fortemente combatido, não podendo ser permitido em qualquer hipótese.

Dessa forma, a despeito de parecer que o arcabouço de informações que a engenharia econômica apresenta sirva tão somente a uma esfera muito restrita, formada por economistas, empresários e investidores, é preciso assimilar o fato de que as soluções proporcionadas têm o impacto de contribuir para o aprimoramento da sociedade – haja vista que, quanto mais organizações se estruturam e empreendem, mais empregos são ofertados, mais a renda aumenta, assim como o número de consumidores, o que **dinamiza a economia**.

Por fim, esperamos que esta obra tenha ajudado a descomplicar e a facilitar seu entendimento a respeito dos meandros e dos processos que compõem a engenharia econômica, sempre tendo em vista, mais uma vez, a **necessidade** permanente de **novos estudos** e de **praticar os conceitos** aqui descritos. Só assim um profissional da área econômico-financeira alcançará o nível de excelência e de produtividade que tanto buscamos e entendemos como necessário para nossa sociedade.

Siga em frente e tenha sucesso na sua caminhada!

# Lista de siglas

BNDES – Banco Nacional de Desenvolvimento Econômico e Social

CAE – Custo anual equivalente

CAPM – *Capital Asset Pricing Model* (em português, modelo de precificação de ativos financeiros)

CAUE – Custo anual uniforme equivalente

EVA – Valor econômico agregado (do inglês *economic value added*)

IBC – Índice benefício/custo

IL – Índice de lucratividade

ROI – Retorno sobre o investimento

Selic – Sistema Especial de Liquidação e Custódia

TIR – Taxa interna de retorno

TJLP – Taxa de Juros de Longo Prazo

TMA – Taxa mínima de atratividade

TR – Taxa de referência

VAUE – Valor anual uniforme equivalente

VPL – Valor presente líquido

VPLa – Valor presente líquido anualizado

WACC – Custo médio ponderado do capital (do inglês *weighted average capital cost*)

# Glossário

**Ação**: é a menor parte do patrimônio de uma empresa de capital aberto. Cada detentor dessas ações é também sócio (acionista) dessa empresa. As ações são negociadas em Bolsas de Valores e, além de instrumento de captação de recursos, são aplicações financeiras que podem conferir rentabilidade por meio dos ganhos de capital (valorização da cotação) e pelos pagamentos de proventos, como dividendos e juros de capital próprio.

**Alavancagem financeira**: é o processo pelo qual são utilizados recursos de terceiros para realização de projetos de investimento, com a perspectiva de retorno ou rentabilidade do capital em uma taxa que viabilize o reembolso dos recursos exigíveis com juros e ainda incorpore novos valores **aos resultados financeiros** do ente que praticou a alavancagem.

**Ativo**: é uma conta do Balanço Patrimonial que representa o conjunto de bens e direitos das empresas ou organizações e forma o lado positivo das contas, indicando quais foram as aplicações ou destinações dos recursos captados.

**Balanço Patrimonial**: é uma demonstração financeira que mostra mais comumente a situação patrimonial ao fim de cada exercício, ou ano civil (mas pode ser elaborado a qualquer momento), indicando as origens dos recursos (Passivo e Patrimônio Líquido) e as aplicações dos recursos (Ativo).

**Crédito**: é a concessão de recursos de terceiros, normalmente mediante reembolsos com juros, cuja acepção vem do verbo latino *credere*, que significa "acreditar" ou "confiar", de forma que uma operação de crédito implica fundamentalmente uma relação de confiança ou de fidúcia entre credor e devedor.

**Custeio**: é a necessidade financeira cotidiana, ou seja, que mantém as organizações em funcionamento, e difere dos investimentos, sendo, portanto, denominada *capital de giro*, no caso de empresas privadas. A desordem nos custeios costuma ser muito prejudicial, quando não fatal, para as organizações.

**Debêntures**: são títulos da dívida privada, ou seja, uma forma que as empresas têm de alavancar seus projetos de investimento com recursos de terceiros, sendo, portanto, exigíveis. As debêntures podem ser conversíveis **em ações, significando** que, se esse direito for de fato exercido, os recursos captados passam a ser não exigíveis e o credor passa a ser acionista ou sócio da empresa financiada.

**Deságio**: ao contrário do ágio, o deságio é resultante de uma taxa de juros que descapitaliza ou desconta um título, porque antecipa recursos, de forma que o valor efetivamente negociado passa a ser inferior ao valor de face atualizado para a data considerada. O deságio normalmente decorre da falta de liquidez de um Ativo ou da necessidade acima do normal de vendê-lo rapidamente.

**Economia**: é a chamada *ciência da escassez*, que estuda a alocação dos recursos, incluindo a produção e o consumo. Além disso, a economia é uma ciência social aplicada, haja vista que seus referenciais matemáticos respaldam teorias e pressupostos.

**Engenharia econômica:** é uma metodologia que deriva de um aprofundamento da matemática financeira, visando à formulação de pressupostos e fórmulas que solucionem problemas relacionados ao valor do dinheiro ao longo do tempo, especialmente no tocante à viabilidade de projetos de investimento.

**Instituições financeiras:** são agentes que promovem, por meio de diversos mecanismos, o processo de intermediação financeira, que também é uma forma de viabilizar a melhor alocação possível de recursos financeiros. Diferentemente do que se supõe, as instituições financeiras não são somente os bancos, mas também outras instituições, como as corretoras de valores, por exemplo.

**Intermediação financeira:** é o processo pelo qual os entes econômicos (famílias, empresas e governo) superavitários aplicam seus recursos e são remunerados via pagamentos de juros, para que esses mesmos recursos financiem os entes econômicos deficitários, mediante taxas de juros maiores. A diferença entre as duas taxas é chamada de *spread* e é a remuneração das instituições financeiras.

**Matemática financeira:** é um ramo da matemática que se dedica exclusivamente a temas financeiros (capitalização, amortizações, descontos e fluxos de caixa). Além disso, a matemática financeira faz parte do conjunto de referenciais provenientes das ciências exatas que são utilizados nos estudos econômicos.

**Mercado financeiro:** é o mercado que congrega diferentes classes de ativos financeiros, sempre com a finalidade de promover a intermediação financeira e a alocação de recursos. Subdivide-se em *mercado monetário, mercado de crédito, mercado de câmbio* e *mercado de capitais,* sendo que cada um desses mercados é referente a uma classe de Ativo específica.

**Obsolescência:** é o atributo evolutivo que torna um bem obsoleto, ou defasado tecnologicamente, o que justificaria a sua substituição por bens similares ou mesmo não similares, mas que sejam mais novos e dotados de mais recursos, que proporcionem melhor desempenho e melhor aproveitamento dos recursos, ou seja, **maior eficiência**.

**Passivo**: é uma conta do Balanço Patrimonial que representa as dívidas e obrigações das empresas e organizações e compõe o lado negativo das contas, indicando, portanto, quais foram as fontes das quais vieram os recursos aplicados (origens).

**Patrimônio Líquido**: é uma conta do Balanço Patrimonial que representa uma das origens de recursos captados e utilizados nas empresas, sendo, portanto, do lado negativo do balanço. O que difere o Patrimônio Líquido do Passivo é que o primeiro é referente a recursos próprios da empresa, ou seja, não exigíveis e que não vieram por meio de operações de crédito, por exemplo.

**Planejamento estratégico**: é um dos níveis de planejamento empresarial que define objetivos considerados importantes no longo prazo, bem como estabelece as ações a serem adotadas e executadas para seu alcance, tratando-se, portanto, de compromissos que visam assegurar a perpetuidade das organizações. Por sua natureza mais corporativa, de longo prazo e abrangente, difere do planejamento tático e do planejamento operacional, que são os outros dois níveis do planejamento empresarial.

**Rentabilidade**: é o resultado obtido pela capacidade de remuneração ou de multiplicação que o capital apresenta, ou seja, é uma propriedade que vem da cobrança de juros ou, ainda, de fatores como ganhos de capital e proventos, como ocorre no mercado acionário. A rentabilidade, portanto, decorre do êxito da aplicação financeira, seja por meio de um projeto de investimento, seja mediante um aporte no mercado financeiro.

**Risco**: é a probabilidade de fracasso de uma decisão pautada por critérios formatados com base em dados concretos e, portanto, críveis e estruturados, sendo, por isso, aceitáveis. Essa formatação de critérios para tomada de decisão é o que difere *risco* de *incerteza*.

**Subscrição de ações**: é o processo de lançamento de novas ações no mercado, de forma a captar novos recursos e aumentar o capital das empresas de capital aberto. Trata-se de uma das formas de captar recursos com ações no chamado *mercado primário*, sendo a outra forma a abertura do capital (*disclosure*), quando a empresa ainda é de capital fechado.

**Taxa de referência**: a chamada TR é calculada desde 1991 pela média ponderada (submetida a redutor) das remunerações dos CDBs das 30 maiores instituições financeiras do Brasil. A TR consiste, basicamente, em um redutor da Taxa Básica Financeira (TBF) e é um índice de remuneração dos recursos aplicados na caderneta de poupança.

**Taxa Selic**: é a taxa básica de juros da economia brasileira e também um parâmetro para definir a remuneração aos aplicadores da caderneta de poupança, sendo revista a cada 45 dias. Equivale à taxa média ponderada dos financiamentos de 1 dia que são interbancários e lastreados em títulos públicos federais, chamados também de *operações compromissadas*.

# Referências

BALARINE, O. F. O. **Tópicos de matemática financeira e engenharia econômica**. 2. ed. rev. e ampl. Porto Alegre: EDIPUCRS, 2004.

BISCHOFF, L. **Análise de projetos de investimentos**: teoria e questões comentadas. Rio de Janeiro: Ferreira, 2013.

BRUNI, A. L.; FONSECA, Y. D. da. Técnicas de avaliação de investimentos: uma breve revisão da literatura. **Cadernos de Análise Regional**, v. 1, p. 40-54, 2003.

CAMLOFFSKI, R. **Análise de investimentos e viabilidade financeira das empresas**. São Paulo: Atlas, 2014.

CASAROTTO FILHO, N.; KOPITTKE, B. H. **Análise de investimentos**: matemática financeira, engenharia econômica, tomada de decisão, estratégia empresarial. 9. ed. São Paulo: Atlas, 2000.

FRANCO, A. L.; GALLI, O. C. Método para análise de investimentos: alternativa para classificação de projetos com prazo e volume de recursos diferentes. In: ENCONTRO NACIONAL DE ENGENHARIA DE PRODUÇÃO, 27., 2007, Foz do Iguaçu. **Anais**... Foz do Iguaçu: Enegep, 2007. Disponível em: <http://www.abepro.org.br/biblioteca/enegep2007_TR590447_9837.pdf>. Acesso em: 13 dez. 2016.

FREITAS, N.; SIQUEIRA, C. A.; PAULO, A. de. **Dicionário negócio e empreendedorismo.** Petrópolis: Ensinart, 2008.

GALBRAITH, J. K. O engajamento social hoje. **Folha de S. Paulo,** São Paulo, p. 5, 20 dez. 1998. Caderno Mais. Disponível em: <http://www1.folha.uol.com.br/fsp/mais/fs20129804.htm>. Acesso em: 5 set. 2016.

GUIMARÃES, H. M. R. **MAN:** modelo de avaliação de negócios. Edição do autor. Salvador: [s.n.], 2005.

HAYES, S. L. (Org.). **Finanças para gerentes.** Rio de Janeiro: Record, 2004.

HIRSCHFELD, H. **Engenharia econômica e análise de custos:** aplicações práticas para economistas, engenheiros, analistas de investimentos e administradores. 7. ed. rev., atual. e ampl. São Paulo: Atlas, 2000.

MOTTA, R. da R. et al. **Engenharia econômica e finanças.** São Paulo: Elsevier, 2009. (Coleção Campus – Abepro).

MOTTA, R. da R.; CALÔBA, G. M. **Análise de investimentos:** tomada de decisão em projetos industriais. São Paulo: Atlas, 2002.

NASCIMENTO, S. V. do. **Engenharia econômica:** técnica de avaliação e seleção de projetos de investimentos. Rio de Janeiro: Ciência Moderna, 2010.

PUCCINI, E. C. **Matemática financeira e análise de investimentos.** Florianópolis: Departamento de Ciências da Administração; Brasília: Capes/UAB, 2011.

RABENSCHLAG, D. R. **Um modelo probabilístico para abordar o risco com ilustrações em jogos de empresas.** 181 f. Tese (Doutorado em Engenharia de Produção) – Universidade Federal de Santa Catarina, Florianópolis, 2005. Disponível em: <https://repositorio.ufsc.br/bitstream/handle/123456789/102286/223356.pdf?sequence=1>. Acesso em: 13 dez. 2016.

RYBA, A.; LENZI, E. K.; LENZI, M. K. **Elementos de engenharia econômica.** Curitiba: Ibpex, 2011. (Série Gestão Financeira).

SANDRONI, P. **Dicionário de administração e finanças.** Rio de Janeiro: Record, 2008.

_____. **Dicionário de economia do século XXI.** Rio de Janeiro: Record, 2005.

SOUZA, A.; CLEMENTE, A. **Decisões financeiras e análise de investimentos**: fundamentos, técnicas e aplicações. 5. ed. São Paulo: Atlas, 2006.

TREASY. **Indicadores financeiros para análise de investimentos.** 2013. Disponível em: <http://www.treasy.com.br/materiais-gratuitos.html>. Acesso em: 5 set. 2016.

# Anexos

## Anexo 1 – Fórmulas dos fatores de correção ou atualização do capital

| Fator | Fórmula |
|---|---|
| (F/P; i; n) | $(1+i)^n$ |
| (P/F; i; n) | $1/(1+i)^n$ |
| (F/A; i; n) | $(1+i)^n - 1 / i$ |
| (P/A; i; n) | $(1+i)^n - 1 / i(1+i)^n$ |
| (A/F; i; n) | $i / (1+i)^n - 1$ |
| (A/P; i; n) | $i(1+i)^n / (1+i)^n - 1$ |
| (A/G; i; n) | $1/i - (n/(1+i)^n - 1)$ |
| (P/G; i; n) | $[(1+i)^n - 1/i^2 - n/i] \cdot 1/(1+i)^n$ |

## Anexo 2 – Tabelas dos fatores de correção ou atualização do capital

### Taxa de juros: 1,00%

| n | F/P | P/F | A/P | P/A | A/F | F/A | A/G | P/G |
|---|---|---|---|---|---|---|---|---|
| 1 | 1,010000 | 0,990099 | 1,010000 | 0,990099 | 1,000000 | 1,000000 | – | – |
| 2 | 1,020100 | 0,980296 | 0,507512 | 1,970395 | 0,497512 | 2,010000 | 0,497512 | 0,980296 |
| 3 | 1,030301 | 0,970590 | 0,340022 | 2,940985 | 0,330022 | 3,030100 | 0,993367 | 2,921476 |
| 4 | 1,040604 | 0,960980 | 0,256281 | 3,901966 | 0,246281 | 4,060401 | 1,487562 | 5,804417 |
| 5 | 1,051010 | 0,951466 | 0,206040 | 4,853431 | 0,196040 | 5,101005 | 1,980100 | 9,610280 |
| 6 | 1,061520 | 0,942045 | 0,172548 | 5,795476 | 0,162548 | 6,152015 | 2,470980 | 14,320506 |
| 7 | 1,072135 | 0,932718 | 0,148628 | 6,728195 | 0,138628 | 7,213535 | 2,960202 | 19,916815 |
| 8 | 1,082857 | 0,923483 | 0,130690 | 7,651678 | 0,120690 | 8,285671 | 3,447766 | 26,381197 |
| 9 | 1,093685 | 0,914340 | 0,116740 | 8,566018 | 0,106740 | 9,368527 | 3,933673 | 33,695916 |
| 10 | 1,104622 | 0,905287 | 0,105582 | 9,471305 | 0,095582 | 10,462213 | 4,417923 | 41,843498 |
| 15 | 1,160969 | 0,861349 | 0,072124 | 13,865053 | 0,062124 | 16,096896 | 6,814330 | 94,481039 |
| 20 | 1,220190 | 0,819544 | 0,055415 | 18,045553 | 0,045415 | 22,019004 | 9,169370 | 165,466356 |
| 25 | 1,282432 | 0,779768 | 0,045407 | 22,023156 | 0,035407 | 28,243200 | 11,483116 | 252,894463 |
| 30 | 1,347849 | 0,741923 | 0,038748 | 25,807708 | 0,028748 | 34,784892 | 13,755660 | 355,002069 |
| 35 | 1,416603 | 0,705914 | 0,034004 | 29,408580 | 0,024004 | 41,660276 | 15,987114 | 470,158312 |
| 40 | 1,488864 | 0,671653 | 0,030456 | 32,834686 | 0,020456 | 48,886373 | 18,177608 | 596,856056 |
| 45 | 1,564811 | 0,639055 | 0,027705 | 36,094508 | 0,017705 | 56,481075 | 20,327295 | 733,703724 |
| 50 | 1,644632 | 0,608039 | 0,025513 | 39,196118 | 0,015513 | 64,463182 | 22,436345 | 879,417630 |
| 55 | 1,728525 | 0,578528 | 0,023726 | 42,147192 | 0,013726 | 72,852457 | 24,504949 | 1032,814784 |
| 60 | 1,816697 | 0,550450 | 0,022244 | 44,955038 | 0,012244 | 81,669670 | 26,533314 | 1192,806145 |
| 65 | 1,909366 | 0,523734 | 0,020997 | 47,626608 | 0,010997 | 90,936649 | 28,521668 | 1358,390282 |
| 70 | 2,006763 | 0,498315 | 0,019933 | 50,168514 | 0,009933 | 100,676337 | 30,470255 | 1528,647439 |
| 75 | 2,109128 | 0,474129 | 0,019016 | 52,587051 | 0,009016 | 110,912847 | 32,379339 | 1702,733967 |
| 80 | 2,216715 | 0,451118 | 0,018219 | 54,888206 | 0,008219 | 121,671522 | 34,249199 | 1879,877099 |
| 85 | 2,329790 | 0,429223 | 0,017520 | 57,077676 | 0,007520 | 132,978997 | 36,080132 | 2059,370061 |
| 90 | 2,448633 | 0,408391 | 0,016903 | 59,160881 | 0,006903 | 144,863267 | 37,872449 | 2240,567482 |
| 95 | 2,573538 | 0,388570 | 0,016355 | 61,142980 | 0,006355 | 157,353755 | 39,626480 | 2422,881104 |
| 100 | 2,704814 | 0,369711 | 0,015866 | 63,028879 | 0,005866 | 170,481383 | 41,342569 | 2605,775753 |

Fonte: Adaptado de Casarotto Filho; Kopittke, 2000.

## Taxa de juros: 2,00%

| n | F/P | P/F | A/P | P/A | A/F | F/A | A/G | P/G |
|---|---|---|---|---|---|---|---|---|
| 1 | 1,020000 | 0,980392 | 1,020000 | 0,980392 | 1,000000 | 1,000000 | – | – |
| 2 | 1,040400 | 0,961169 | 0,515050 | 1,941561 | 0,495050 | 2,020000 | 0,495050 | 0,961169 |
| 3 | 1,061208 | 0,942322 | 0,346755 | 2,883883 | 0,326755 | 3,060400 | 0,986799 | 2,845813 |
| 4 | 1,082432 | 0,923845 | 0,262624 | 3,807729 | 0,242624 | 4,121608 | 1,475249 | 5,617350 |
| 5 | 1,104081 | 0,905731 | 0,212158 | 4,713460 | 0,192158 | 5,204040 | 1,960401 | 9,240273 |
| 6 | 1,126162 | 0,887971 | 0,178526 | 5,601431 | 0,158526 | 6,308121 | 2,442256 | 13,680130 |
| 7 | 1,148686 | 0,870560 | 0,154512 | 6,471991 | 0,134512 | 7,434283 | 2,920815 | 18,903491 |
| 8 | 1,171659 | 0,853490 | 0,136510 | 7,325481 | 0,116510 | 8,582969 | 3,396080 | 24,877924 |
| 9 | 1,195093 | 0,836755 | 0,122515 | 8,162237 | 0,102515 | 9,754628 | 3,868053 | 31,571966 |
| 10 | 1,218994 | 0,820348 | 0,111327 | 8,982585 | 0,091327 | 10,949721 | 4,336736 | 38,955100 |
| 15 | 1,345868 | 0,743015 | 0,077825 | 12,849264 | 0,057825 | 17,293417 | 6,630896 | 85,202128 |
| 20 | 1,485947 | 0,672971 | 0,061157 | 16,351433 | 0,041157 | 24,297370 | 8,843282 | 144,600334 |
| 25 | 1,640606 | 0,609531 | 0,051220 | 19,523456 | 0,031220 | 32,030300 | 10,974452 | 214,259236 |
| 30 | 1,811362 | 0,552071 | 0,044650 | 22,396456 | 0,024650 | 40,568079 | 13,025117 | 291,716444 |
| 35 | 1,999890 | 0,500028 | 0,040002 | 24,998619 | 0,020002 | 49,994478 | 14,996134 | 374,882643 |
| 40 | 2,208040 | 0,452890 | 0,036556 | 27,355479 | 0,016556 | 60,401983 | 16,888504 | 461,993132 |
| 45 | 2,437854 | 0,410197 | 0,033910 | 29,490160 | 0,013910 | 71,892710 | 18,703364 | 551,565188 |
| 50 | 2,691588 | 0,371528 | 0,031823 | 31,423606 | 0,011823 | 84,579401 | 20,441976 | 642,360589 |
| 55 | 2,971731 | 0,336504 | 0,030143 | 33,174788 | 0,010143 | 98,586534 | 22,105724 | 733,352690 |
| 60 | 3,281031 | 0,304782 | 0,028768 | 34,760887 | 0,008768 | 114,051539 | 23,696103 | 823,697534 |
| 65 | 3,622523 | 0,276051 | 0,027626 | 36,197466 | 0,007626 | 131,126155 | 25,214708 | 912,708538 |
| 70 | 3,999558 | 0,250028 | 0,026668 | 37,498619 | 0,006668 | 149,977911 | 26,663230 | 999,834315 |
| 75 | 4,415835 | 0,226458 | 0,025855 | 38,677114 | 0,005855 | 170,791773 | 28,043439 | 1084,639291 |
| 80 | 4,875439 | 0,205110 | 0,025161 | 39,744514 | 0,005161 | 193,771958 | 29,357178 | 1166,786767 |
| 85 | 5,382879 | 0,185774 | 0,024563 | 40,711290 | 0,004563 | 219,143939 | 30,606354 | 1246,024149 |
| 90 | 5,943133 | 0,168261 | 0,024046 | 41,586929 | 0,004046 | 247,156656 | 31,792924 | 1322,170082 |
| 95 | 6,561699 | 0,152400 | 0,023596 | 42,380023 | 0,003596 | 278,084960 | 32,918889 | 1395,103268 |
| 100 | 7,244646 | 0,138033 | 0,023203 | 43,098352 | 0,003203 | 312,232306 | 33,986282 | 1464,752746 |

Fonte: Adaptado de Casarotto Filho; Kopittke, 2000.

## Taxa de juros: 3,00%

| n | F/P | P/F | A/P | P/A | A/F | F/A | A/G | P/G |
|---|---|---|---|---|---|---|---|---|
| 1 | 1,030000 | 0,970874 | 1,030000 | 0,970874 | 1,000000 | 1,000000 | – | – |
| 2 | 1,060900 | 0,942596 | 0,522611 | 1,913470 | 0,492611 | 2,030000 | 0,492611 | 0,942596 |
| 3 | 1,092727 | 0,915142 | 0,353530 | 2,828611 | 0,323530 | 3,090900 | 0,980297 | 2,772879 |
| 4 | 1,125509 | 0,888487 | 0,269027 | 3,717098 | 0,239027 | 4,183627 | 1,463061 | 5,438340 |
| 5 | 1,159274 | 0,862609 | 0,218355 | 4,579707 | 0,188355 | 5,309136 | 1,940905 | 8,888776 |
| 6 | 1,194052 | 0,837484 | 0,184598 | 5,417191 | 0,154598 | 6,468410 | 2,413833 | 13,076197 |
| 7 | 1,229874 | 0,813092 | 0,160506 | 6,230283 | 0,130506 | 7,662462 | 2,881851 | 17,954746 |
| 8 | 1,266770 | 0,789409 | 0,142456 | 7,019692 | 0,112456 | 8,892336 | 3,344963 | 23,480611 |
| 9 | 1,304773 | 0,766417 | 0,128434 | 7,786109 | 0,098434 | 10,159106 | 3,803176 | 29,611944 |
| 10 | 1,343916 | 0,744094 | 0,117231 | 8,530203 | 0,087231 | 11,463879 | 4,256498 | 36,308790 |
| 15 | 1,557967 | 0,641862 | 0,083767 | 11,937935 | 0,053767 | 18,598914 | 6,450043 | 77,000196 |
| 20 | 1,806111 | 0,553676 | 0,067216 | 14,877475 | 0,037216 | 26,870374 | 8,522862 | 126,798659 |
| 25 | 2,093778 | 0,477606 | 0,057428 | 17,413148 | 0,027428 | 36,459264 | 10,476774 | 182,433615 |
| 30 | 2,427262 | 0,411987 | 0,051019 | 19,600441 | 0,021019 | 47,575416 | 12,314074 | 241,361285 |
| 35 | 2,813862 | 0,355383 | 0,046539 | 21,487220 | 0,016539 | 60,462082 | 14,037493 | 301,626705 |
| 40 | 3,262038 | 0,306557 | 0,043262 | 23,114772 | 0,013262 | 75,401260 | 15,650163 | 361,749945 |
| 45 | 3,781596 | 0,264439 | 0,040785 | 24,518713 | 0,010785 | 92,719861 | 17,155570 | 420,632482 |
| 50 | 4,383906 | 0,228107 | 0,038865 | 25,729764 | 0,008865 | 112,796867 | 18,557509 | 477,480334 |
| 55 | 5,082149 | 0,196767 | 0,037349 | 26,774428 | 0,007349 | 136,071620 | 19,860036 | 531,741108 |
| 60 | 5,891603 | 0,169733 | 0,036133 | 27,675564 | 0,006133 | 163,053437 | 21,067416 | 583,052609 |
| 65 | 6,829983 | 0,146413 | 0,035146 | 28,452892 | 0,005146 | 194,332758 | 22,184072 | 631,200999 |
| 70 | 7,917822 | 0,126297 | 0,034337 | 29,123421 | 0,004337 | 230,594064 | 23,214541 | 676,086873 |
| 75 | 9,178926 | 0,108945 | 0,033668 | 29,701826 | 0,003668 | 272,630856 | 24,163725 | 717,697847 |
| 80 | 10,640891 | 0,093977 | 0,033112 | 30,200763 | 0,003112 | 321,363019 | 25,035345 | 756,086524 |
| 85 | 12,335709 | 0,081065 | 0,032647 | 30,631151 | 0,002647 | 377,856952 | 25,834905 | 791,352872 |
| 90 | 14,300467 | 0,069928 | 0,032256 | 31,002407 | 0,002256 | 443,348904 | 26,566654 | 823,630214 |
| 95 | 16,578161 | 0,060320 | 0,031926 | 31,322656 | 0,001926 | 519,272026 | 27,235052 | 853,074177 |
| 100 | 19,218632 | 0,052033 | 0,031647 | 31,598905 | 0,001647 | 607,287733 | 27,844447 | 879,854045 |

Fonte: Adaptado de Casarotto Filho; Kopittke, 2000.

Taxa de juros: 4,00%

| n | F/P | P/F | A/P | P/A | A/F | F/A | A/G | P/G |
|---|---|---|---|---|---|---|---|---|
| 1 | 1,040000 | 0,961538 | 1,040000 | 0,961538 | 1,000000 | 1,000000 | – | – |
| 2 | 1,081600 | 0,924556 | 0,530196 | 1,886095 | 0,490196 | 2,040000 | 0,490196 | 0,924556 |
| 3 | 1,124864 | 0,888996 | 0,360349 | 2,775091 | 0,320349 | 3,121600 | 0,973860 | 2,702549 |
| 4 | 1,169859 | 0,854804 | 0,275490 | 3,629895 | 0,235490 | 4,246464 | 1,450995 | 5,266962 |
| 5 | 1,216653 | 0,821927 | 0,224627 | 4,451822 | 0,184627 | 5,416323 | 1,921611 | 8,554670 |
| 6 | 1,265319 | 0,790315 | 0,190762 | 5,242137 | 0,150762 | 6,632975 | 2,385715 | 12,506243 |
| 7 | 1,315932 | 0,759918 | 0,166610 | 6,002055 | 0,126610 | 7,898294 | 2,843318 | 17,065749 |
| 8 | 1,368569 | 0,730690 | 0,148528 | 6,732745 | 0,108528 | 9,214226 | 3,294434 | 22,180581 |
| 9 | 1,423312 | 0,702587 | 0,134493 | 7,435332 | 0,094493 | 10,582795 | 3,739077 | 27,801275 |
| 10 | 1,480244 | 0,675564 | 0,123291 | 8,110896 | 0,083291 | 12,006107 | 4,177264 | 33,881352 |
| 15 | 1,800944 | 0,555265 | 0,089941 | 11,118387 | 0,049941 | 20,023588 | 6,272087 | 69,735497 |
| 20 | 2,191123 | 0,456387 | 0,073582 | 13,590326 | 0,033582 | 29,778079 | 8,209125 | 111,564686 |
| 25 | 2,665836 | 0,375117 | 0,064012 | 15,622080 | 0,024012 | 41,645908 | 9,992523 | 156,103997 |
| 30 | 3,243398 | 0,308319 | 0,057830 | 17,292033 | 0,017830 | 56,084938 | 11,627426 | 201,061832 |
| 35 | 3,946089 | 0,253415 | 0,053577 | 18,664613 | 0,013577 | 73,652225 | 13,119843 | 244,876794 |
| 40 | 4,801021 | 0,208289 | 0,050523 | 19,792774 | 0,010523 | 95,025516 | 14,476511 | 286,530302 |
| 45 | 5,841176 | 0,171198 | 0,048262 | 20,720040 | 0,008262 | 121,029392 | 15,704737 | 325,402779 |
| 50 | 7,106683 | 0,140713 | 0,046550 | 21,482185 | 0,006550 | 152,667084 | 16,812249 | 361,163846 |
| 55 | 8,646367 | 0,115656 | 0,045231 | 22,108612 | 0,005231 | 191,159173 | 17,807041 | 393,688974 |
| 60 | 10,519627 | 0,095060 | 0,044202 | 22,623490 | 0,004202 | 237,990685 | 18,697232 | 422,996648 |
| 65 | 12,798735 | 0,078133 | 0,043390 | 23,046682 | 0,003390 | 294,968380 | 19,490935 | 449,201379 |
| 70 | 15,571618 | 0,064219 | 0,042745 | 23,394515 | 0,002745 | 364,290459 | 20,196141 | 472,478923 |
| 75 | 18,945255 | 0,052784 | 0,042229 | 23,680408 | 0,002229 | 448,631367 | 20,820622 | 493,040834 |
| 80 | 23,049799 | 0,043384 | 0,041814 | 23,915392 | 0,001814 | 551,244977 | 21,371849 | 511,116144 |
| 85 | 28,043605 | 0,035659 | 0,041479 | 24,108531 | 0,001479 | 676,090123 | 21,856928 | 526,938427 |
| 90 | 34,119333 | 0,029309 | 0,041208 | 24,267278 | 0,001208 | 827,983334 | 22,282554 | 540,736923 |
| 95 | 41,511386 | 0,024090 | 0,040987 | 24,397756 | 0,000987 | 1012,784648 | 22,654980 | 552,730671 |
| 100 | 50,504948 | 0,019800 | 0,040808 | 24,504999 | 0,000808 | 1237,623705 | 22,980000 | 563,124875 |

Fonte: Adaptado de Casarotto Filho; Kopittke, 2000.

## Taxa de juros: 5,00%

| n | F/P | P/F | A/P | P/A | A/F | F/A | A/G | P/G |
|---|---|---|---|---|---|---|---|---|
| 1 | 1,050000 | 0,952381 | 1,050000 | 0,952381 | 1,000000 | 1,000000 | – | – |
| 2 | 1,102500 | 0,907029 | 0,537805 | 1,859410 | 0,487805 | 2,050000 | 0,487805 | 0,907029 |
| 3 | 1,157625 | 0,863838 | 0,367209 | 2,723248 | 0,317209 | 3,152500 | 0,967486 | 2,634705 |
| 4 | 1,215506 | 0,822702 | 0,282012 | 3,545951 | 0,232012 | 4,310125 | 1,439053 | 5,102812 |
| 5 | 1,276282 | 0,783526 | 0,230975 | 4,329477 | 0,180975 | 5,525631 | 1,902520 | 8,236917 |
| 6 | 1,340096 | 0,746215 | 0,197017 | 5,075692 | 0,147017 | 6,801913 | 2,357904 | 11,967994 |
| 7 | 1,407100 | 0,710681 | 0,172820 | 5,786373 | 0,122820 | 8,142008 | 2,805225 | 16,232082 |
| 8 | 1,477455 | 0,676839 | 0,154722 | 6,463213 | 0,104722 | 9,549109 | 3,244510 | 20,969957 |
| 9 | 1,551328 | 0,644609 | 0,140690 | 7,107822 | 0,090690 | 11,026564 | 3,675786 | 26,126829 |
| 10 | 1,628895 | 0,613913 | 0,129505 | 7,721735 | 0,079505 | 12,577893 | 4,099085 | 31,652048 |
| 15 | 2,078928 | 0,481017 | 0,096342 | 10,379658 | 0,046342 | 21,578564 | 6,097314 | 63,288031 |
| 20 | 2,653298 | 0,376889 | 0,080243 | 12,462210 | 0,030243 | 33,065954 | 7,902965 | 98,488414 |
| 25 | 3,386355 | 0,295303 | 0,070952 | 14,093945 | 0,020952 | 47,727099 | 9,523771 | 134,227505 |
| 30 | 4,321942 | 0,231377 | 0,065051 | 15,372451 | 0,015051 | 66,438848 | 10,969139 | 168,622551 |
| 35 | 5,516015 | 0,181290 | 0,061072 | 16,374194 | 0,011072 | 90,320307 | 12,249805 | 200,580686 |
| 40 | 7,039989 | 0,142046 | 0,058278 | 17,159086 | 0,008278 | 120,799774 | 13,377471 | 229,545181 |
| 45 | 8,985008 | 0,111297 | 0,056262 | 17,774070 | 0,006262 | 159,700156 | 14,364439 | 255,314538 |
| 50 | 11,467400 | 0,087204 | 0,054777 | 18,255925 | 0,004777 | 209,347996 | 15,223265 | 277,914782 |
| 55 | 14,635631 | 0,068326 | 0,053667 | 18,633472 | 0,003667 | 272,712618 | 15,966450 | 297,510397 |
| 60 | 18,679186 | 0,053536 | 0,052828 | 18,929290 | 0,002828 | 353,583718 | 16,606179 | 314,343162 |
| 65 | 23,839901 | 0,041946 | 0,052189 | 19,161070 | 0,002189 | 456,798011 | 17,154103 | 328,690978 |
| 70 | 30,426426 | 0,032866 | 0,051699 | 19,342677 | 0,001699 | 588,528511 | 17,621186 | 340,840898 |
| 75 | 38,832686 | 0,025752 | 0,051322 | 19,484970 | 0,001322 | 756,653718 | 18,017587 | 351,072146 |
| 80 | 49,561441 | 0,020177 | 0,051030 | 19,596460 | 0,001030 | 971,228821 | 18,352602 | 359,646048 |
| 85 | 63,254353 | 0,015809 | 0,050803 | 19,683816 | 0,000803 | 1245,087069 | 18,634634 | 366,800704 |
| 90 | 80,730365 | 0,012387 | 0,050627 | 19,752262 | 0,000627 | 1594,607301 | 18,871195 | 372,748792 |
| 95 | 103,034676 | 0,009705 | 0,050490 | 19,805891 | 0,000490 | 2040,693529 | 19,068944 | 377,677418 |
| 100 | 131,501258 | 0,007604 | 0,050383 | 19,847910 | 0,000383 | 2610,025157 | 19,233724 | 381,749224 |

Fonte: Adaptado de Casarotto Filho; Kopittke, 2000.

## Taxa de juros: 6,00%

| n | F/P | P/F | A/P | P/A | A/F | F/A | A/G | P/G |
|---|---|---|---|---|---|---|---|---|
| 1 | 1,060000 | 0,943396 | 1,060000 | 0,943396 | 1,000000 | 1,000000 | – | – |
| 2 | 1,123600 | 0,889996 | 0,545437 | 1,833393 | 0,485437 | 2,060000 | 0,485437 | 0,889996 |
| 3 | 1,191016 | 0,839619 | 0,374110 | 2,673012 | 0,314110 | 3,183600 | 0,961176 | 2,569235 |
| 4 | 1,262477 | 0,792094 | 0,288591 | 3,465106 | 0,228591 | 4,374616 | 1,427234 | 4,945516 |
| 5 | 1,338226 | 0,747258 | 0,237396 | 4,212364 | 0,177396 | 5,637093 | 1,883633 | 7,934549 |
| 6 | 1,418519 | 0,704961 | 0,203363 | 4,917324 | 0,143363 | 6,975319 | 2,330404 | 11,459351 |
| 7 | 1,503630 | 0,665057 | 0,179135 | 5,582381 | 0,119135 | 8,393838 | 2,767581 | 15,449694 |
| 8 | 1,593848 | 0,627412 | 0,161036 | 6,209794 | 0,101036 | 9,897468 | 3,195208 | 19,841581 |
| 9 | 1,689479 | 0,591898 | 0,147022 | 6,801692 | 0,087022 | 11,491316 | 3,613331 | 24,576768 |
| 10 | 1,790848 | 0,558395 | 0,135868 | 7,360087 | 0,075868 | 13,180795 | 4,022007 | 29,602321 |
| 15 | 2,396558 | 0,417265 | 0,102963 | 9,712249 | 0,042963 | 23,275970 | 5,925976 | 57,554551 |
| 20 | 3,207135 | 0,311805 | 0,087185 | 11,469921 | 0,027185 | 36,785591 | 7,605148 | 87,230445 |
| 25 | 4,291871 | 0,232999 | 0,078227 | 12,783356 | 0,018227 | 54,864512 | 9,072201 | 115,973173 |
| 30 | 5,743491 | 0,174110 | 0,072649 | 13,764831 | 0,012649 | 79,058186 | 10,342211 | 142,358787 |
| 35 | 7,686087 | 0,130105 | 0,068974 | 14,498246 | 0,008974 | 111,434780 | 11,431916 | 165,742729 |
| 40 | 10,285718 | 0,097222 | 0,066462 | 15,046297 | 0,006462 | 154,761966 | 12,358976 | 185,956823 |
| 45 | 13,764611 | 0,072650 | 0,064700 | 15,455832 | 0,004700 | 212,743514 | 13,141295 | 203,109646 |
| 50 | 18,420154 | 0,054288 | 0,063444 | 15,761861 | 0,003444 | 290,335905 | 13,796428 | 217,457376 |
| 55 | 24,650322 | 0,040567 | 0,062537 | 15,990543 | 0,002537 | 394,172027 | 14,341117 | 229,322246 |
| 60 | 32,987691 | 0,030314 | 0,061876 | 16,161428 | 0,001876 | 533,128181 | 14,790945 | 239,042791 |
| 65 | 44,144972 | 0,022653 | 0,061391 | 16,289123 | 0,001391 | 719,082861 | 15,160118 | 246,945022 |
| 70 | 59,075930 | 0,016927 | 0,061033 | 16,384544 | 0,001033 | 967,932170 | 15,461348 | 253,327135 |
| 75 | 79,056921 | 0,012649 | 0,060769 | 16,455848 | 0,000769 | 1300,948680 | 15,705829 | 258,452743 |
| 80 | 105,795993 | 0,009452 | 0,060573 | 16,509131 | 0,000573 | 1746,599891 | 15,903279 | 262,549308 |
| 85 | 141,578904 | 0,007063 | 0,060427 | 16,548947 | 0,000427 | 2342,981741 | 16,062024 | 265,809579 |
| 90 | 189,464511 | 0,005278 | 0,060318 | 16,578699 | 0,000318 | 3141,075187 | 16,189123 | 268,394607 |
| 95 | 253,546255 | 0,003944 | 0,060238 | 16,600932 | 0,000238 | 4209,104250 | 16,290498 | 270,437456 |
| 100 | 339,302084 | 0,002947 | 0,060177 | 16,617546 | 0,000177 | 5638,368059 | 16,371073 | 272,047060 |

Fonte: Adaptado de Casarotto Filho; Kopittke, 2000.

Taxa de juros: 7,00%

| n | F/P | P/F | A/P | P/A | A/F | F/A | A/G | P/G |
|---|---|---|---|---|---|---|---|---|
| 1 | 1,070000 | 0,934579 | 1,070000 | 0,934579 | 1,000000 | 1,000000 | – | – |
| 2 | 1,144900 | 0,873439 | 0,553092 | 1,808018 | 0,483092 | 2,070000 | 0,483092 | 0,873439 |
| 3 | 1,225043 | 0,816298 | 0,381052 | 2,624316 | 0,311052 | 3,214900 | 0,954929 | 2,506034 |
| 4 | 1,310796 | 0,762895 | 0,295228 | 3,387211 | 0,225228 | 4,439943 | 1,415536 | 4,794720 |
| 5 | 1,402552 | 0,712986 | 0,243891 | 4,100197 | 0,173891 | 5,750739 | 1,864950 | 7,646665 |
| 6 | 1,500730 | 0,666342 | 0,209796 | 4,766540 | 0,139796 | 7,153291 | 2,303217 | 10,978376 |
| 7 | 1,605781 | 0,622750 | 0,185553 | 5,389289 | 0,115553 | 8,654021 | 2,730392 | 14,714874 |
| 8 | 1,718186 | 0,582009 | 0,167468 | 5,971299 | 0,097468 | 10,259803 | 3,146541 | 18,788938 |
| 9 | 1,838459 | 0,543934 | 0,153486 | 6,515232 | 0,083486 | 11,977989 | 3,551740 | 23,140408 |
| 10 | 1,967151 | 0,508349 | 0,142378 | 7,023582 | 0,072378 | 13,816448 | 3,946071 | 27,715552 |
| 15 | 2,759032 | 0,362446 | 0,109795 | 9,107914 | 0,039795 | 25,129022 | 5,758295 | 52,446053 |
| 20 | 3,869684 | 0,258419 | 0,094393 | 10,594014 | 0,024393 | 40,995492 | 7,316307 | 77,509060 |
| 25 | 5,427433 | 0,184249 | 0,085811 | 11,653583 | 0,015811 | 63,249038 | 8,639101 | 100,676482 |
| 30 | 7,612255 | 0,131367 | 0,080586 | 12,409041 | 0,010586 | 94,460786 | 9,748684 | 120,971824 |
| 35 | 10,676581 | 0,093663 | 0,077234 | 12,947672 | 0,007234 | 138,236878 | 10,668734 | 138,135278 |
| 40 | 14,974458 | 0,066780 | 0,075009 | 13,331709 | 0,005009 | 199,635112 | 11,423349 | 152,292766 |
| 45 | 21,002452 | 0,047613 | 0,073500 | 13,605522 | 0,003500 | 285,749311 | 12,035990 | 163,755923 |
| 50 | 29,457025 | 0,033948 | 0,072460 | 13,800746 | 0,002460 | 406,528929 | 12,528679 | 172,905119 |
| 55 | 41,315001 | 0,024204 | 0,071736 | 13,939939 | 0,001736 | 575,928593 | 12,921458 | 180,124332 |
| 60 | 57,946427 | 0,017257 | 0,071229 | 14,039181 | 0,001229 | 813,520383 | 13,232092 | 185,767743 |
| 65 | 81,272861 | 0,012304 | 0,070872 | 14,109940 | 0,000872 | 1146,755161 | 13,475976 | 190,145209 |
| 70 | 113,989392 | 0,008773 | 0,070620 | 14,160389 | 0,000620 | 1614,134174 | 13,666187 | 193,518530 |
| 75 | 159,876019 | 0,006255 | 0,070441 | 14,196359 | 0,000441 | 2269,657419 | 13,813648 | 196,103512 |
| 80 | 224,234388 | 0,004460 | 0,070314 | 14,222005 | 0,000314 | 3189,062680 | 13,927347 | 198,074799 |
| 85 | 314,500328 | 0,003180 | 0,070223 | 14,240291 | 0,000223 | 4478,576120 | 14,014582 | 199,571725 |
| 90 | 441,102980 | 0,002267 | 0,070159 | 14,253328 | 0,000159 | 6287,185427 | 14,081217 | 200,704199 |
| 95 | 618,669748 | 0,001616 | 0,070113 | 14,262623 | 0,000113 | 8823,853541 | 14,131910 | 201,558114 |
| 100 | 867,716326 | 0,001152 | 0,070081 | 14,269251 | 0,000081 | 12381,661794 | 14,170336 | 202,200081 |

Fonte: Adaptado de Casarotto Filho; Kopittke, 2000.

Taxa de juros: 8,00%

| n | F/P | P/F | A/P | P/A | A/F | F/A | A/G | P/G |
|---|---|---|---|---|---|---|---|---|
| 1 | 1,080000 | 0,925926 | 1,080000 | 0,925926 | 1,000000 | 1,000000 | – | – |
| 2 | 1,166400 | 0,857339 | 0,560769 | 1,783265 | 0,480769 | 2,080000 | 0,480769 | 0,857339 |
| 3 | 1,259712 | 0,793832 | 0,388034 | 2,577097 | 0,308034 | 3,246400 | 0,948743 | 2,445003 |
| 4 | 1,360489 | 0,735030 | 0,301921 | 3,312127 | 0,221921 | 4,506112 | 1,403960 | 4,650093 |
| 5 | 1,469328 | 0,680583 | 0,250456 | 3,992710 | 0,170456 | 5,866601 | 1,846472 | 7,372426 |
| 6 | 1,586874 | 0,630170 | 0,216315 | 4,622880 | 0,136315 | 7,335929 | 2,276346 | 10,523274 |
| 7 | 1,713824 | 0,583490 | 0,192072 | 5,206370 | 0,112072 | 8,922803 | 2,693665 | 14,024216 |
| 8 | 1,850930 | 0,540269 | 0,174015 | 5,746639 | 0,094015 | 10,636628 | 3,098524 | 17,806098 |
| 9 | 1,999005 | 0,500249 | 0,160080 | 6,246888 | 0,080080 | 12,487558 | 3,491033 | 21,808090 |
| 10 | 2,158925 | 0,463193 | 0,149029 | 6,710081 | 0,069029 | 14,486562 | 3,871314 | 25,976831 |
| 15 | 3,172169 | 0,315242 | 0,116830 | 8,559479 | 0,036830 | 27,152114 | 5,594460 | 47,885664 |
| 20 | 4,660957 | 0,214548 | 0,101852 | 9,818147 | 0,021852 | 45,761964 | 7,036948 | 69,089791 |
| 25 | 6,848475 | 0,146018 | 0,093679 | 10,674776 | 0,013679 | 73,105940 | 8,225382 | 87,804107 |
| 30 | 10,062657 | 0,099377 | 0,088827 | 11,257783 | 0,008827 | 113,283211 | 9,189712 | 103,455792 |
| 35 | 14,785344 | 0,067635 | 0,085803 | 11,654568 | 0,005803 | 172,316804 | 9,961072 | 116,091990 |
| 40 | 21,724521 | 0,046031 | 0,083860 | 11,924613 | 0,003860 | 259,056519 | 10,569919 | 126,042200 |
| 45 | 31,920449 | 0,031328 | 0,082587 | 12,108402 | 0,002587 | 386,505617 | 11,044652 | 133,733086 |
| 50 | 46,901613 | 0,021321 | 0,081743 | 12,233485 | 0,001743 | 573,770156 | 11,410714 | 139,592790 |
| 55 | 68,913856 | 0,014511 | 0,081178 | 12,318614 | 0,001178 | 848,923201 | 11,690151 | 144,006454 |
| 60 | 101,257064 | 0,009876 | 0,080798 | 12,376552 | 0,000798 | 1253,213296 | 11,901538 | 147,300007 |
| 65 | 148,779847 | 0,006721 | 0,080541 | 12,415983 | 0,000541 | 1847,248083 | 12,060157 | 149,738701 |
| 70 | 218,606406 | 0,004574 | 0,080368 | 12,442820 | 0,000368 | 2720,080074 | 12,178318 | 151,532618 |
| 75 | 321,204530 | 0,003113 | 0,080250 | 12,461084 | 0,000250 | 4002,556624 | 12,265775 | 152,844849 |
| 80 | 471,954834 | 0,002119 | 0,080170 | 12,473514 | 0,000170 | 5886,935428 | 12,330132 | 153,800083 |
| 85 | 693,456489 | 0,001442 | 0,080116 | 12,481974 | 0,000116 | 8655,706112 | 12,377249 | 154,492500 |
| 90 | 1018,915089 | 0,000981 | 0,080079 | 12,487732 | 0,000079 | 12723,938616 | 12,411584 | 154,992535 |
| 95 | 1497,120549 | 0,000668 | 0,080053 | 12,491651 | 0,000053 | 18701,506857 | 12,436502 | 155,352444 |
| 100 | 2199,761256 | 0,000455 | 0,080036 | 12,494318 | 0,000036 | 27484,515704 | 12,454520 | 155,610726 |

Fonte: Adaptado de Casarotto Filho; Kopittke, 2000.

## Taxa de juros: 9,00%

| n | F/P | P/F | A/P | P/A | A/F | F/A | A/G | P/G |
|---|---|---|---|---|---|---|---|---|
| 1 | 1,090000 | 0,917431 | 1,090000 | 0,917431 | 1,000000 | 1,000000 | – | – |
| 2 | 1,188100 | 0,841680 | 0,568469 | 1,759111 | 0,478469 | 2,090000 | 0,478469 | 0,841680 |
| 3 | 1,295029 | 0,772183 | 0,395055 | 2,531295 | 0,305055 | 3,278100 | 0,942619 | 2,386047 |
| 4 | 1,411582 | 0,708425 | 0,308669 | 3,239720 | 0,218669 | 4,573129 | 1,392504 | 4,511323 |
| 5 | 1,538624 | 0,649931 | 0,257092 | 3,889651 | 0,167092 | 5,984711 | 1,828197 | 7,111048 |
| 6 | 1,677100 | 0,596267 | 0,222920 | 4,485919 | 0,132920 | 7,523335 | 2,249792 | 10,092385 |
| 7 | 1,828039 | 0,547034 | 0,198691 | 5,032953 | 0,108691 | 9,200435 | 2,657404 | 13,374590 |
| 8 | 1,992563 | 0,501866 | 0,180674 | 5,534819 | 0,090674 | 11,028474 | 3,051166 | 16,887654 |
| 9 | 2,171893 | 0,460428 | 0,166799 | 5,995247 | 0,076799 | 13,021036 | 3,431231 | 20,571076 |
| 10 | 2,367364 | 0,422411 | 0,155820 | 6,417658 | 0,065820 | 15,192930 | 3,797768 | 24,372774 |
| 15 | 3,642482 | 0,274538 | 0,124059 | 8,060688 | 0,034059 | 29,360916 | 5,434631 | 43,806865 |
| 20 | 5,604411 | 0,178431 | 0,109546 | 9,128546 | 0,019546 | 51,160120 | 6,767450 | 61,776976 |
| 25 | 8,623081 | 0,115968 | 0,101806 | 9,822580 | 0,011806 | 84,700896 | 7,831597 | 76,926486 |
| 30 | 13,267678 | 0,075371 | 0,097336 | 10,273654 | 0,007336 | 136,307539 | 8,665661 | 89,028000 |
| 35 | 20,413968 | 0,048986 | 0,094636 | 10,566821 | 0,004636 | 215,710755 | 9,308285 | 98,358990 |
| 40 | 31,409420 | 0,031838 | 0,092960 | 10,757360 | 0,002960 | 337,882445 | 9,795729 | 105,376188 |
| 45 | 48,327286 | 0,020692 | 0,091902 | 10,881197 | 0,001902 | 525,858734 | 10,160285 | 110,556070 |
| 50 | 74,357520 | 0,013449 | 0,091227 | 10,961683 | 0,001227 | 815,083556 | 10,429518 | 114,325066 |
| 55 | 114,408262 | 0,008741 | 0,090794 | 11,013993 | 0,000794 | 1260,091796 | 10,626138 | 117,036206 |
| 60 | 176,031292 | 0,005681 | 0,090514 | 11,047991 | 0,000514 | 1944,792133 | 10,768315 | 118,968250 |
| 65 | 270,845963 | 0,003692 | 0,090334 | 11,070087 | 0,000334 | 2998,288474 | 10,870233 | 120,334429 |
| 70 | 416,730086 | 0,002400 | 0,090216 | 11,084449 | 0,000216 | 4619,223180 | 10,942733 | 121,294156 |
| 75 | 641,190893 | 0,001560 | 0,090141 | 11,093782 | 0,000141 | 7113,232148 | 10,993959 | 121,964582 |
| 80 | 986,551668 | 0,001014 | 0,090091 | 11,099849 | 0,000091 | 10950,574090 | 11,029938 | 122,430644 |
| 85 | 1517,932029 | 0,000659 | 0,090059 | 11,103791 | 0,000059 | 16854,800326 | 11,055077 | 122,753266 |
| 90 | 2335,526582 | 0,000428 | 0,090039 | 11,106354 | 0,000039 | 25939,184247 | 11,072559 | 122,975761 |
| 95 | 3593,497147 | 0,000278 | 0,090025 | 11,108019 | 0,000025 | 39916,634964 | 11,084667 | 123,128694 |
| 100 | 5529,040792 | 0,000181 | 0,090016 | 11,109102 | 0,000016 | 61422,675465 | 11,093022 | 123,233502 |

Fonte: Adaptado de Casarotto Filho; Kopittke, 2000.

## Taxa de juros: 10,00%

| n | F/P | P/F | A/P | P/A | A/F | F/A | A/G | P/G |
|---|---|---|---|---|---|---|---|---|
| 1 | 1,100000 | 0,909091 | 1,100000 | 0,909091 | 1,000000 | 1,000000 | – | – |
| 2 | 1,210000 | 0,826446 | 0,576190 | 1,735537 | 0,476190 | 2,100000 | 0,476190 | 0,826446 |
| 3 | 1,331000 | 0,751315 | 0,402115 | 2,486852 | 0,302115 | 3,310000 | 0,936556 | 2,329076 |
| 4 | 1,464100 | 0,683013 | 0,315471 | 3,169865 | 0,215471 | 4,641000 | 1,381168 | 4,378116 |
| 5 | 1,610510 | 0,620921 | 0,263797 | 3,790787 | 0,163797 | 6,105100 | 1,810126 | 6,861802 |
| 6 | 1,771561 | 0,564474 | 0,229607 | 4,355261 | 0,129607 | 7,715610 | 2,223557 | 9,684171 |
| 7 | 1,948717 | 0,513158 | 0,205405 | 4,868419 | 0,105405 | 9,487171 | 2,621615 | 12,763120 |
| 8 | 2,143589 | 0,466507 | 0,187444 | 5,334926 | 0,087444 | 11,435888 | 3,004479 | 16,028672 |
| 9 | 2,357948 | 0,424098 | 0,173641 | 5,759024 | 0,073641 | 13,579477 | 3,372351 | 19,421453 |
| 10 | 2,593742 | 0,385543 | 0,162745 | 6,144567 | 0,062745 | 15,937425 | 3,725461 | 22,891342 |
| 15 | 4,177248 | 0,239392 | 0,131474 | 7,606080 | 0,031474 | 31,772482 | 5,278933 | 40,151988 |
| 20 | 6,727500 | 0,148644 | 0,117460 | 8,513564 | 0,017460 | 57,274999 | 6,508075 | 55,406912 |
| 25 | 10,834706 | 0,092296 | 0,110168 | 9,077040 | 0,010168 | 98,347059 | 7,457982 | 67,696401 |
| 30 | 17,449402 | 0,057309 | 0,106079 | 9,426914 | 0,006079 | 164,494023 | 8,176226 | 77,076579 |
| 35 | 28,102437 | 0,035584 | 0,103690 | 9,644159 | 0,003690 | 271,024368 | 8,708603 | 83,987154 |
| 40 | 45,259256 | 0,022095 | 0,102259 | 9,779051 | 0,002259 | 442,592556 | 9,096234 | 88,952536 |
| 45 | 72,890484 | 0,013719 | 0,101391 | 9,862808 | 0,001391 | 718,904837 | 9,374048 | 92,454433 |
| 50 | 117,390853 | 0,008519 | 0,100859 | 9,914814 | 0,000859 | 1163,908529 | 9,570413 | 94,888869 |
| 55 | 189,059142 | 0,005289 | 0,100532 | 9,947106 | 0,000532 | 1880,591425 | 9,707539 | 96,561922 |
| 60 | 304,481640 | 0,003284 | 0,100330 | 9,967157 | 0,000330 | 3034,816395 | 9,802294 | 97,701011 |
| 65 | 490,370725 | 0,002039 | 0,100204 | 9,979607 | 0,000204 | 4893,707253 | 9,867176 | 98,470545 |
| 70 | 789,746957 | 0,001266 | 0,100127 | 9,987338 | 0,000127 | 7887,469568 | 9,911252 | 98,987017 |
| 75 | 1271,895271 | 0,000786 | 0,100079 | 9,992138 | 0,000079 | 12708,953714 | 9,940986 | 99,331706 |
| 80 | 2048,400215 | 0,000488 | 0,100049 | 9,995118 | 0,000049 | 20474,002146 | 9,960926 | 99,560633 |
| 85 | 3298,969030 | 0,000303 | 0,100030 | 9,996969 | 0,000030 | 32979,690296 | 9,974227 | 99,712031 |
| 90 | 5313,022612 | 0,000188 | 0,100019 | 9,998118 | 0,000019 | 53120,226118 | 9,983057 | 99,811783 |
| 95 | 8556,676047 | 0,000117 | 0,100012 | 9,998831 | 0,000012 | 85556,760466 | 9,988896 | 99,877289 |
| 100 | 13780,612340 | 0,000073 | 0,100007 | 9,999274 | 0,000007 | 137796,123398 | 9,992743 | 99,920178 |

Fonte: Adaptado de Casarotto Filho; Kopittke, 2000.

# Sobre o autor

**Marcelo Ferreira** é mestre em Administração pela Universidade Salvador (Unifacs), especialista em Gestão Empresarial pela Faculdade São Luís de França (de Aracaju – SE), MBA em Gestão de Negócios Financeiros pela Pontifícia Universidade Católica do Rio de Janeiro (PUC-Rio) e graduado em Economia pela Universidade Católica do Salvador (UCSal).

Foi professor em cursos de pós-graduação no Centro Universitário Internacional Uninter, além de trabalhar no Banco do Nordeste do Brasil S/A e desenvolver o projeto de educação financeira Enriquecimento Total (www.enriquecimentototal.com).

É autor do livro *Sistema financeiro nacional*, publicado pela Editora Intersaberes, e profissional certificado pela Associação Brasileira das Entidades dos Mercados Financeiros e de Capitais (Anbima) – CPA-10 e CPA-20.

Os papéis utilizados neste livro, certificados por instituições ambientais competentes, são recicláveis, provenientes de fontes renováveis e, portanto, um meio responsável e natural de informação e conhecimento.

Impressão: Reproset